मुदित के नवरंग - 3

डॉ. महेश मुनका 'मुदित'

PRACHI DIGITAL PUBLICATION

Title   : Mudit ke Navrang - 3

Author : Dr. Mahesh Munka 'Mudit'

Edition : First (December, 2024)

ISBN   : 9789348332233

Published by

PRACHI
DIGITAL PUBLICATION

Regd. Add.: 254, Khuriyakhatta No. 10, Bindukhatta,
Lalkuan, Nainital - 262402, Uttarakhand, India
Website : www.prachidigital.com
E-mail : info@prachidigital.in
Phone : +91 976041 7980, +91 976041 8103

Printed by :

Manipal Technologies Limited, Bengaluru - 560001, Karnataka

पुस्तक समर्पित है

पूज्य पिताजी स्व. बंशीधर जी मुनका, पूज्य माताजी स्व. झुमरी देवी मुनका और पूज्य सासू माँ स्व. गायत्री देवी खेतान को।

आभार

"मैं अपने काव्य संग्रह "मुदित के नवरंग – 3" की रचना में अमूल्य सहयोग प्रदान करने वाले मेरे सभी सहयोगियों के प्रति हृदय से आभार व्यक्त करता हूँ। आपकी सृजनात्मक दृष्टि, मार्गदर्शन और प्रोत्साहन ने मेरी रचनात्मक यात्रा को सफल बनाने में महत्वपूर्ण भूमिका निभाई है। आपके योगदान के बिना यह संग्रह संभव नहीं हो पाता। आपके प्रति मैं सदैव कृतज्ञ रहूँगा।

विशेष रूप से अपने परिजनों, रिश्तेदारों, मित्रों, साहित्यिक समुहों और प्रकाशक का कृतज्ञ हूं, जिन्होंने भूल-सुधार के साथ-साथ नये-नये विषय प्रदान कर लेखन को गति दी।

धन्यवाद

– मुदित

शुभकामना संदेश

मंगल भाव

बड़े ही हर्ष का विषय है असम डिब्रूगढ़ के जाने–माने साहित्यकार महेश मुनका "मुदित" जी का नवीन काव्य संग्रह 'मुदित के नवरंग 3' प्रकाशित होकर पाठकों के अवलोकन हेतु उपलब्ध है। इस संग्रह में समाहित धार्मिक, सामाजिक, समसामयिक, देशभक्ति, पर्यावरण, हास्य, लेख, यात्रा वृतांत आदि उल्लेखनीय हैं। कवि ने अपने संपूर्ण भावों का उनमें समावेश किया है।

आशा है पूर्व प्रकाशित दो काव्य संग्रह मुदित के नवरंग 1 और 2 की तरह यह भी पाठकों को रोचक प्रतीत होगा। मात्र 4 वर्ष के साहित्यिक जीवन में 615 काव्य रचनाओं का लेखन एवं तीन काव्य संग्रह का प्रकाशन। निश्चित रूप से आदरणीय महेश मुनका जी बधाई के पात्र हैं।

आशीर्वाद सहित बहुत शुभकामनाएं।

गायत्री ठाकुर 'सक्षम'
सेवानिवृत्त शिक्षिका
कवियित्री एवं साहित्यकार
नरसिंहपुर (मध्य प्रदेश) पिन–487001

शुभकामना संदेश

यह अत्यंत हर्ष का विषय है कि डॉ. महेश मुनका 'मुदित' जी की काव्य पुस्तक 'मुदित के नवरंग' का तृतीय सोपान प्रकाशित होकर सुधी पाठकों के बीच जल्द ही आ रहा है। इस पुस्तक के प्रथम और द्वितीय सोपान को भी साहित्य जगत में अत्यंत सराहा गया है। 'मुदित के नवरंग' का यह तृतीय सोपान धार्मिक, सामाजिक, देशभक्ति, पर्यावरण, हास्य लेख, यात्रा वृत्तांत और अन्य समसामयिक विषयों का एक अद्भुत संकलन है।

मैं पूर्ण विश्वास के साथ कह सकती हूं कि इस पुस्तक में आदरणीय महेश मुनका 'मुदित' जी के साहित्यिक अनुभव और जीवन यात्रा का व्यापक वृतांत इस पुस्तक में साहित्य प्रेमियों को पढ़ने के लिए मिलेगा। इनकी साहित्यिक यात्रा मात्र चार वर्ष पूर्व शुरू हुई है और इतने कम समय में ही इन्होंने लगभग 615 रचनाओं का सृजन कर दिया है। यह इनके विलक्षण प्रतिभा का अनूठा प्रमाण है। अपने व्यस्ततम जीवनशैली, जिसमें अनेक सामाजिक और साहित्यिक संस्थाओं के कार्यों में विशेष सक्रियता के अलावा इन्होंने हिन्दी के साथ-साथ असमिया भाषा में भी रचनात्मक पहचान बनाई है, इन्हें विशिष्ट व्यक्तियों की श्रेणी में स्थान प्रदान करता है।

इनके इस नवजात सृजन 'मुदित के नवरंग - तृतीय सोपान' के साहित्य जगत में शामिल होने पर इन्हें हार्दिक बधाई और अशेष शुभकामनाएं देती हूं।

सुभेक्षा के साथ,
ममता सिंह
अध्यक्ष,
सोशल एंड मोटिवेशनल ट्रस्ट, नई दिल्ली।
संपर्क सूत्र : 7838603424

अनुक्रमणिका

प्राक्कथन

कविता मानवीय संवेदनाओं को व्यक्त करने का एक माध्यम है, जो न केवल मेरी अपनी यात्रा का हिस्सा है, बल्कि समाज और परिवेश के हर उस पहलू को छूने का प्रयास करती है, जिनसे हम सभी किसी न किसी रूप में जुड़े होते हैं। यह पुस्तक मेरी व्यक्तिगत यात्रा और उन क्षणों का दस्तावेज़ है, जिन्हें मैंने महसूस किया, जिया और आत्मसात किया है। इस काव्य संग्रह में कविता और लेख के माध्यम से जो भी भाव और विचार प्रकट हुए हैं, वे किसी न किसी रूप में आपके हृदय को भी स्पर्श करेंगे, ऐसा मेरा विश्वास है। जीवन की छोटी-बड़ी घटनाओं, रिश्तों, प्रेम, और संघर्षों ने मुझे गहराई से प्रभावित किया है, और उन्हीं अनुभवों को मैंने इन कविताओं में उकेरने का प्रयास किया है।

'मुदित के नवरंग 3' काव्य संग्रह उन अनमोल क्षणों, विचारों और अनुभूतियों का परिणाम है, जो मेरे मन और आत्मा से फूटकर शब्दों में ढल गए हैं। विगत चार वर्षों की संक्षिप्त साहित्यिक यात्रा में मेरा प्रथम काव्य संग्रह "मुदित के नवरंग" 2022 में प्रकाशित हुआ, जिसका विमोचन दिनांक 16 फरवरी 2022 को डॉ. नारायण उपाध्याय, जो वरिष्ठ चिकित्सक एवं हिंदी के प्रखर ज्ञाता है, के कर कमलों से संपन्न हुआ। मेरा दूसरा काव्य संग्रह "मुदित के नवरंग 2" का विमोचन दिनांक 25 फ़रवरी 2024 को हिंदी और असमिया के वरिष्ठ साहित्यकार, कवि, समालोचक और चाय उद्योगपति श्री देवी प्रसाद बागड़ोदिया जी द्वारा किया गया। श्री बागड़ोदिया जी की प्रेरणा से ही मैंने असमिया के वरिष्ठ साहित्यकार और कवि श्री आनंदचंद्र अगरवाला की लगभग 20–25 कविताओं का हिंदी भाषांतरण भी किया है।

अब 'मुदित के नवरंग 3' आपके करकमलों में शोभायमान है। यह संग्रह आपके हृदय को छू सके, यही मेरी आशा है। आपके विचार और अनुभूतियां मेरे लिए मूल्यवान होंगी। आपकी प्रतिक्रिया और सुझाव इस यात्रा में मेरा मार्गदर्शन करेंगे।

– मुदित

जनमानस के प्रिय प्रभु श्री राम

"भारतीय जनमानस के प्रिय प्रभु श्री राम"
ईर्ष्यालु वंश के महाराज दशरथ के पुत्र
भारतीय जनमानस के प्रिय,
मर्यादा पुरुषोत्तम प्रभु श्री राम कहलाए।
चैत्र शुक्ला नवमी तिथि अवतारी,
अयोध्या वासी सारे हर्षाएं।
गुरु वशिष्ठ से शिक्षा दीक्षा ले,
प्रभु हुए पूर्ण निपुण।
जनक सुता से कर पाणिग्रहण,
हुआ रघुवंश परिपूर्ण।
वर्ष चौदह का लिया वनवास,
लखन सिया के साथ।
अत्याचारियों का कर संहार,
फिर घर लौटे रघुनाथ।
यह माया कलयुग की,
तंबू में बीते सालों साल।
जन्मस्थली पुनः पाने को,
किया इंतजार चार सौ साल।
चार लाख बलिदानों के,
कुल हुए सत्तर संघर्ष।
पांच अगस्त को भूमि पूजन,
संपन्न हुआ पूर्व तीन वर्ष।
बाइस जनवरी चौबीस को
हुई प्राण प्रतिष्ठा प्रभु श्री राम की।
भव्य उद्घाटन मोदी जी के हाथों
हुआ राम लला के अयोध्या धाम की।

राम से बड़ा राम का नाम,
इसकी महिमा है न्यारी।
मुदित, जय श्री राम के उद्घोष से,
तर जाए दुनिया सारी।
जय श्री राम।

कुटिया शबरी की

कुटिया माता शबरी की में, जब राम लखन पधारे,
देख जुगल जोड़ी इनकी, माता के दिल हर्षाये।
झाड़ बुहार कर आँगन को, शबरी ने खूब सजाया है,
राह में स्वागत पुष्प बिछाये, अब राम मेरे घर आया हैं।
कहां बैठाऊं, कैसे करूं उनका आदर और सत्कार,
पर्ण कुटीर छोटी सी है मेरी कैसे करूं उनकी मनुहार।
मेरी कुटिया के हैं भाग्य बड़े, जो राम मेरे घर पधारे हैं,
शिला का आसन देख कर प्रभु उसपर स्वयं बिराजे हैं।
जंगल से फल लाई चुन चुन, पहले खुद चख लेती हैं,
डलिया में रखें चखे बेरों से, मीठे मीठे बेर खिलाती हैं।
देख कुपित हुये लखनलाल, जूठे बेर यह खिलाती कैसे,
समझाते राम, खा लो वैसे ही, खिलाती माता, घर पर जैसे।
कहे मुदित, रामायण में शबरी प्रसंग बड़ा हृदय स्पर्शी है,
आतिथ्य की ऐसी मिसाल अद्भुत, मिलती कहीं नहीं है।

रामराज्य का शंखनाद

हो चुका है शंखनाद, देश में रामराज्य का,
पूर्ण हो रहा दिवा स्वप्न, अब सुसाम्राज्य का।
सुख-शांति समृद्धि, वास करेगी इस नव राष्ट्र में,
शिक्षा, चिकित्सा न्याय, सभी को मिलेगी रामराज्य में।
सबका विश्वास, सबका विकास, यही एक मुल मंत्र है,
विश्व गुरु बने यह नव राष्ट्र हमारा, यही ध्येय मंत्र है।
जय श्री राम का उद्घोष, गूंज रहा है जमीं नभ पर,
धर्म ध्वजा फहराएगी, अब आर्यावर्त की भूमि पर।
गौ हत्या का पाप अब और सहन नहीं करेंगे हम,
जीव जंतुओं पर अत्याचार बर्दास्त नहीं करेंगे हम।
सत्य सनातन धर्म संस्कृति की पुण्य धरा है भू भारत,
पूरे विश्व को वसुधैव कुटुम्बकम बना रहा है नव भारत।
न लगेगी रोक जय श्री राम व हर हर महादेव के नारों पर,
बच्चा बच्चा नाचेगा अब मां दुर्गा काली के जयकारों पर।
मुदित, रामराज्य का शंखनाद तो, वर्षों पूर्व हो जाना था,
योगीयों को सत्ता संचालन का दायित्व तभी मिल जाना था।

मेरे अंगना पधारो मेरे रामजी

जय जय राम, सीताराम, जय जय राम, जय श्री राम,
खोलने को मेरे भाग्य, अंगना मेरे पधारो हे श्री राम।
राम बसे मेरे दिल के अंदर, कमल खिला है मेरे मन में,
हर सुख दुख में राम के संग, जीवन बसा उसके भजन में।
दिल के अंदर राम बसे, मन का बाग खिला है,
हर पल राम के संग में, सुख का संगम मिला है।
अँखियाँ नीर भरी, दरस को तेरे तरसे हरदम,
निंद न आये पल भर को, बाट जोहती मैं तो हरदम।
जय जय राम, सीताराम, जय जय राम, जय श्री राम।।
दशरथ नंदन आप पधारो, संग सीता लखन को लाओ,
साथ में हों पवन सूत बजरंगी इनका हमें दरस कराओ।
इस धरा को पावन कर दो दुष्टों का वध भी अब कर दो,
बचे न कोई रावण खरदूषण ऐसी पावन धरती कर दो।
चारों दिशा में रामराज्य हो जनमानस वहां खुशहाल हो,
सनातन धर्म फैले विश्व में, ऐसा ही आप कुछ कर दो।
जय जय राम, सीताराम, जय जय राम, जय श्री राम।।
कहे मुदित, तहे दिल से मेरे अंगना पधारो मेरे रामजी,
अंखियां थक गईं मेरे राह निहारते थारी मेरे रामजी।
जय जय राम, सीताराम, जय जय राम, जय श्री राम।

विदाई

फूलों से सजी डोली में बैठी, जाने को सजना के द्वार,
मां पिताजी भाई बहना सब है मेरी बिदाई को तैयार।
पिया संग मिलन तो, मायके से विछोह की कैसी घड़ी है,
भाई उठा रहे डोली, लगी उनके आंसुओं की लड़ी है।
सखियाँ सारी निहार रही, मुझे डोली में बैठ जाते हुए,
माँ सीख दे रही बिदा होती बेटी को, आंसू बहाते हुए।
बेटी दिलासा दे रही बिलखते माता पिता को,
मत रोओ, ध्यान अपना रखना, आते रहूंगी मिलने, विश्वास रखो।
बिदा हो रही बेटी, समधी प्रेम से गले मिल रहे आपस में,
धन्यवाद कर रहे वर पक्ष, बहुत कुछ दिया आपने हमें।
मुदित बिदाई की बेला भी यह, बड़ी अजीब सी होती है,
कठोर से कठोर हृदय को भी, भावुक कर ही देती है।

चंद्रयान -3

भारत के इसरो का अभिमान है अभियान चंद्रयान-3,
चौदह जुलाई को ढाई बजे प्रक्षेपित हुआ चंद्रयान-3।
आंध्र प्रदेश के श्रीहरिकोटा में इसरो का है अंतरिक्ष केंद्र,
अंतरिक्ष वैज्ञानिक सतीश धवन के नाम से है यह केंद्र।
भारत के इसरो की स्थापना विक्रम साराभाई ने की थी,
आगे जाकर अब्दुल कलाम के नेतृत्व में परवान चढी थी।
सबसे पहले सन उन्हत्तर में अमेरिका चांद पर पहुंचा था,
अपने नील आर्मस्ट्रांग, बज एल्ड्रिन को चांद पे उतारा था।
इसरो ने इस बार विक्रम और प्रज्ञान को रवाना किया है,
चौबीस अगस्त को चंद्र फतेह करने का दायित्व दिया है।
असम के चयन दत्ता अभियंता-जी के रूप में लगे हुए हैं,
और निरज लड़ीया सीईओ स्पेस आर्केड भी जुड़े हुए हैं।
लखीमपुर और गोलाघाट असम के हैं दो युवा वैज्ञानिक,
भारत माता की सेवा में लगे हुये हैं ये दोनो भाई अहर्निश।
हाल ही में भारत ने कामयाबी से पहुंचाया मिशन मंगल,
अब झंडे गाड़ेगा चांद पर भारत गवाह होगा ये नभमंडल।
तेईस अगस्त बुधवार सायं छह बज तीन मिनट का क्षण,
चाँद पर झंडा गाड़ा भारत ने, पल था यह अति विलक्षण।
घंटे भर पहले से एक सौ चालीस करोड़ धड़कनें बढ़ गई,
सबकी नजरें मात्र दूरदर्शन के, पर्दे पर ही थीं टिकी हुई।
चरण स्पर्श चंद्रमा पर करते ही सबके बांछें खिल उठी,
उसी समय प्रधानमंत्री का संबोधन सबमें हिम्मत भर गई।
कहे मुदित, चंद्रयान 3 ने विश्व में आज इतिहास रच दिया,
आगे भविष्य में आदित्य 1, का शंखनाद भी कर दिया।

सजनी

मेहँदी लगे हाथों से, प्रियतम को सजा रही,
साजन के प्रति अपने, प्रेम को वो दर्शा रही।
सूट बूट पहन कर, प्रियवर तैयार खड़े हैं,
आपके पहने गहनो में, हीरे और मोती जड़े हैं।
करके सौलह श्रंगार, दुल्हन सी सजी हुई है,
हाथो की मेहंदी उसकी जाने क्या कह रही है।
तीखे नैन नक्श लिए दूल्हे की टाई कस रही है,
अपनी नाजुक उंगलियों से उसे सही कर रही है।
मन में है आह्लाद भरा, पिया संग पीहर जाउंगी,
माँ बाबुल ओ परिजनों को, इनसे मैं मिलाऊँगी।
कहे मुदित सजनी की खुशियां तो हैं वर्णनातीत,
इसकी हर अदा में भरा है, बड़ा प्यारा मधुर संगीत।

गोल गप्पे

गोलगप्पा, पानी बतासे, पुचका, पानी टिक्की या पानीपुरी,
खाते है चटकारे ले लेकर सारे बड़े बूढे हों या छोरा छोरी।
आलू, मटर, मूंग को मसलकर तीखा मसाला डाला जाता,
खूब रगड़ कर मिल जाने पर, पपड़ी चूर हैं मिलाया जाता।
तोड़ कर पुचके को, ये मसाला भरकर, ईमली पानी भरते,
काग़ज़ के दोने में फिर भैया, एक एक कर उसमे परोसते।
दस रुपये में केवल चार ही पानीपुरी, ये हमें है दे सकते,
एक सूखी पपड़ी और मांग लेने पर, हैं नाक भौं सिकोड़ते।
हाथ ठेले पर ही भैया, आलूचाट, पपड़ीचाट भी तो बेचते,
सुबह दस बजे से रात ग्यारह बजे तक एक टांग पर रहते।
शादी विवाह हो या बर्थडे पार्टी सबमें खूब यह तो चलता,
दो तीन प्लेट खाये बिना कोई भी वहां से नहीं है टलता।
कोई कहती तीखा बढ़ाना भैया, कोई कमती करवाता,
किसी को खट्टा कम लगता पानी, कोई पानी डलवाता।
कहे मुदित गोलगप्पे, पानीपुरी तो मुझे भी बहुत भाता है,
हर चौराहे पर ठेलों को देखकर मन बहुत ललचाता है।

जीवन का रहस्य

जीवन चलने का नाम, बस चलते जाना है,
ना रुके यह जिंदगी कभी, बस यही तमन्ना है।
जिंदगी का यह सफर बस अविरल चलता रहे,
आने और जाने की प्रक्रिया यों ही चलती रहे।
यही है जीवन का रहस्य जो समझ में आ जाना है।।
संघर्ष जीवन मे अनवरत चलता रहता है,
कभी कम कभी ज्यादा होता रहता है।
दुख के बादल छंट जाते हैं गहराने बे बाद,
सुबह का उजाला होता है रात बीत जाने के बाद।
यही है जीवन का रहस्य जो समझ में आ जाना है।।
जो आया है इस जग में उसे दुनिया से जाना होगा,
जिंदगी मिली है तो कर्तव्य भी निभाना ही होगा।
जिंदगी का सफर भी रेल यात्रा से कहाँ कम है,
कहीं पर्वत पहाड़, तो कहीं नदियां मैदान हरदम है।
यही है जीवन का रहस्य जो समझ में आ जाना है।।
हौसलें बुलंद लेकर साथ चल पड़े हैं मेरे भाई,
जिंदगी का सफर पूरा तो होगा ही हो चाहे कठिनाई।
कहे मुदित जिंदगी का रहस्य समझना आसान नहीं है,
होगा कंटकाकीर्ण जीवन तो कहीं सरल सहज भी है।
यही है जीवन का रहस्य जो समझ में आ जाना है।।

कमर कस लो

कस लो कमर तुम, सफर लंबा अभी बाकी है,
कमी ना रह पाए कोई, लक्ष्य पाना अभी बाकी है ।
छोड़ो आलस्य, हो खड़े, मंजिल की तरफ चलना है,
मिलेगी कांटों भरी राह, हर कष्ट को हमे तो सहना है ।
नहीं हाथ में है पतवार, न ही पाल बंधी जहाज पे,
कस लो कमर तुम अब, नाव जा रही मंझधार में ।
चेष्टा हो काक जैसी, बगुले सा ध्यान लगाना सदा,
श्वान सा जाग्रत रहना, जीने के लिये ही खाना सदा ।
मोह न रखना घर द्वार का, कर्त्तव्य अपना करते चलना,
निर्भीक निडर रहोगे तो, मुसीबतों से पार पाते रहना ।
उठो जागो और करो खूब श्रम, अंत हमारा विजयी होगा,
हम तो हैं ऐसे मतवाले, कभी तो किनारा मिलके रहेगा ।
कुछेक ने कसम उठा रखीं है हम तो सुधरेंगे नहीं कभी,
कमर कस ली है चंद जवानों ने सुधार कर दम लेंगे सही ।
मुदित मजबूत इरादे वाले ही इस दुनिया में टिके रहते हैं,
कमर कस के रहना ज़िन्दगी में, इस पर विश्वास करते है ।

लड्डू गोपाल

मुदित जन्माष्टमी का देखो पावन पर्व आया है आज,
लड्डू गोपाल जी को भी हमनें सजाया है आज।
योगेश्वर कृष्ण का शिशु रूप है ये लड्डू गोपाल,
भाद्र मास की अष्टमी को जन्म लेते हैं लड्डू गोपाल।
घर, मन्दिर को आज सजाया और घंटा शंख बजाया है,
माखन मिश्री, पंजीरी, फल और लड्डू का भोग लगाया है।
आरती पूजा करके फिर गोपाल को झूला झुलायेंगे,
जन्माष्टमी का पावन पर्व हंसी खुशी हम मनाएंगे।
झूम झूम के नाचेंगे, गाएंगे उत्सव खूब मनाएंगे,
मिठाई, बधाईयाँ भी बाटेंगे नाच नाच कर गायेंगे।
नंद के आनंद भयो जय कन्हैया लाल की,
हाथी घोड़ा पालकी जय कन्हैया लाल की।
आजकल लड्डू गोपाल को भी तो मजाक बना दिया,
भगवान श्री कृष्ण के इस रूप को तो बेटा बना लिया।
जलसे, मेले, यात्रा में इन्हें साथ लेकर चलती है माताएं,
अपने साथ पानी पुरी पिज़्ज़ा बर्गर खिलाती हैं माताएं।
लड्डू गोपाल की प्रदर्शनी, प्रतियोगिता भी करवाती है ये,
ग़ैरों के त्योहारों में संता और क्या क्या बना देती है ये।
कहे मुदित ईश्वर को ईश्वर की तरह ही पूजो मेरे भाई,
सनातन धर्म का मजाक बनाने को और बहुत है मेरे भाई।

मेरा नया बचपन

उम्र के एक पड़ाव पर मुझे नया बचपन मिल गया है,
रोज की जीवन शैली का जैसे अवसान हो गया है।
दैनिक योग कक्षाये फिर कार्यालय का समय तय था,
सुबह छह बजे से लेकर संध्या छह बजे तक निश्चित था।
जीवन को एक ढर्रे पर चलाने का मैं आदि हो गया था,
कुछ भी नया करने सोचने का भी वक़्त भी कहां था।
अब जब सेवा निवृति हो गई, तो नई पारी शुरू की है,
मेरे नए बचपन की खुशियां जैसे पून: दस्तक दे रही है।
बच्चों के हाथ पीले कर बडा दायित्व निभा दिया है,
नाती पोते के आगमन के इंतजार में मन लगा दिया है।
मेरा नया बचपन मिल जाएगा किलकारियाँ गूँज जाने से,
नई पारी शुरु हो जाएगी नव अंकुर खिल जाने से,
मुदित आशा है मेरा नया बचपन होगा बडा मजेदार,
ज्येष्ठ नागरिक हों भले जीवन होगा खूब रसीलेदार।

स्वच्छ भारत अभियान

स्वच्छ भारत देश बनाना है गाँधी जी ने संदेश दिया था,
साफ-सुथरा हो प्यारा देश हमारा एक सपना देखा था।
तब से सड़सठ वर्षों तक यह सपना, सपना ही रहा बना,
कितनी सरकारें आई गई, भारत स्वच्छ तो नहीं बना।
दो अक्टुबर दो हजार चौदह को प्रधानमन्त्री मोदी जी ने,
स्वच्छ भारत अभियान शुरु किया भारत स्वच्छ बनाने।
बापू की एक सौ पचासवीं जयंती तक का लक्ष्य रखा था,
पूरा भारत हो जाये स्वच्छ, ऐसा अभियान चला रखा था।
हर घर हो स्वच्छ देश का .जीवन सभी का स्वच्छ हो,
जनहित का काम है, प्रयास करें स्वच्छ अपना देश हो।
एक सौ घंटे के श्रमदान के लिए लोगों को प्रेरित किया है,
बड़ी बड़ी हस्तियों ने फोटो खिंचवा इति श्री कर दिया है।
गली कूचे सडकों पर ढेर कूड़े का न लगने देंगे हम कभी,
आज शपथ लेंगे हम सब मिलकर करेंगे यह कार्य सभी।
गाँव शहर हमारा, ये देश है हमारा एक मिशन है सबका,
सुन्दर स्वच्छ पवित्र धरा पर हो भारत देश हम सभी का।
कूड़ा ना फैलाएँगे, फैले कूड़े को हटाएँगे दायित्व है हमारा,
मुदित, स्वच्छ भारत बनाएंगे, यह पावन कर्त्तव्य है हमारा।

दिल ओ दिमाग

दिल ओ दिमाग दोनों ही शरीर के हैं अंग महत्वपूर्ण,
इनके बिना शरीर होता नहीं कभी भी सम्पूर्ण।
दिल तो माँ के गर्भ में ही काम कर देता है शुरु,
और दिमाग काम करता शरीर के विकाश के संग गुरु।
कहा है दिमाग का पांच प्रतिशत भाग ही काम करता,
बाकी पचानबे प्रतिशत भाग तो सोया ही है रहता।
दिल और दिमाग का तो होता है चोली दामन का साथ,
काम करते दोनों ही बैठा कर सामंजस्य एक साथ।
दिल जिस काम को करने के लिए तैयार हो जाता है,
देकर उसका साथ दिमाग भी वैसा ही सोचने लगता है।
अक्सर "दिल और दिमाग" में विरोधाभाष होता है नहीं,
ऐसा होने पर आत्मचिंतन करना जरूरी हो जाता सही।
मंथन कर विश्लेषण से ही निष्कर्ष पर पहुंचना चाहिए,
दिल ओ दिमाग में संघर्ष न हो यह अध्ययन होना चाहिए।
अपने दिमाग में चल रहे विचारों को प्रबलता प्रदान करें,
जरूरी है ध्यान या योगनिद्रा का नियमित अभ्यास करें।
हालांकि यह हर एक के लिए इतना भी सहज नहीं है,
दिल की सुनें हर बात यह भी शत प्रतिशत सही नहीं है।
दिल होता है बड़ा ही भावुक और भावना में बह जाता है,
दिमाग का सदुपयोग कर ही सही निर्णय लिया जाता है।
मुदित, आत्मचिंतन से ही निष्कर्ष पर पहुंचना है उचित,
दिल ओ दिमाग में तारतम्य रहे बना, यही है समुचित।

दुविधा

दुविधा में है मन फंसा, दूर रहूं या पास
भीड़-भाड़ से अलग चलूं, या भीड़ के साथ।
धर्मसंकट है यह बहुत बड़ा, कैसे छुपे उदगार,
तीखी बड़ी जुबान है, कलम है तीखी धार।
असमंजस में कवि हृदय, जो कपास सा कोमल,
भाव मचा रहे है जंग, हृदय हो रहा है विह्वल।
गलत सही पहचान है, सही मान लूं सबको कैसे,
सुनूँ अपने मन की आवाज़, बिसरा दूं उसे मैं कैसे।
इसी उधेड़बुन में लग रहा . दिखता नहीं रास्ता कोई,
सब कुछ प्रभु पर छोड़ दिया, जैसी उनकी इच्छा होई।
अनिश्चय में मन है, भीतर चल रहा भीषण संग्राम,
सन्मुख युद्धक्षेत्र है, श्री कृष्ण बचाए या प्रभु श्री राम।
संदेह शंका त्यागकर ही, मानव आगे तुम बढ़ते चलो,
बवंडर सागर में यों ही रहेंगे, लड़कर लहरों को पार करो।
कहे मुदित तू कृष्ण है, तू ही शिवशंकर शंभू परमार्थ है,
खुद को समझना होगा, क्या काल्पनिक क्या यथार्थ है।

मेरी प्यारी मां

ये तन भी तेरा है मां, ये मन भी तेरा है मां,

मेरा तो कुछ भी नहीं, जो है तेरा ही है मां।

तू राम लक्ष्मण की हो माँ, तु कान्हा की हो मां,

भगवान से भी बढ़कर, होती है मेरी मां।

मेरी प्यारी मां, ओ मेरी प्यारी मां।।

मेरी हर स्वाँस है तेरी, हर धड़कन भी है तेरी,

मेरी हर खुशी में ही तो, बसी है जान तेरी।

गलतियों पर कान मरोड़, अकेले में जा रो लेती,

बर्दास्त नहीं होती है, जरा सी भी तकलीफ मेरी।

मेरी प्यारी मां, ओ मेरी प्यारी मां।।

जन्म काल से ही मेरे, कितने कष्ट सहे है मां तूने,

सूखे में मुझे सुलाकर, गिले में रातें बिताई है मां तूने।

नजर न लगे किसी की, सो आंचल में छुपा कर रखा,

बलैया लेती सौ सौ, बुरी नजरों से बचा कर रखा।

मेरी प्यारी मां, ओ मेरी प्यारी मां।।

हर बात पर रोकना टोकना तेरा, बहुत बुरा लगता था,

देर रात जागे इंतजार करना, तेरा बेवजह लगता था।

तेरे रोकने टोकने की वज़ह, चिंता ही थी, अब पता चला,

क्यों छुपा कर रखती थीं आचल में, यह अब पता चला।

मेरी प्यारी मां, ओ मेरी प्यारी मां।। मां सिर्फ एक शब्द नहीं,

इसमें तो ब्रह्मांड समाया है, ममता की देवी है ये,

इसका भेद कोई जान न पाया है। कहे मुदित कविराय,

मां को मैं कैसे करूं बखान, मां तो बस भगवान ही है,

नहीं कोई साधारण इंसान।

मेरी प्यारी मां, ओ मेरी प्यारी मां।।

जब उम्र थी खिलौने से खेलने की

जब उम्र थी खिलौने से खेलने की, वो नसीब न हुआ,
माटी पर लोटपलोट कर खेलते हुए शैशव पार हुआ।
पुस्तक कलम लेकर पाठशाला जाना नसीब न हुआ,
छोटू बनकर ढाबे में बर्तन धोते बचपन पार हुआ।
जब उम्र थी खिलौने से खेलने की, वो नसीब न हुआ।।
यार दोस्तों संग मैदान में, खेलना कहां नसीब हुआ,
स्कूटर, गाड़ी के पहियों में पंचर लगाते बचपन पार हुआ।
गाँव शहर छोड़ कब महानगरों में पहुंच गये पता न चला,
कब बटन टांकते टेलर मास्टर बन गये पता ही न चला।
जब उम्र थी खिलौने से खेलने की, वो नसीब न हुआ।।
बाल श्रम निरोधक कानून भी बना केवल ग़रीबों के लिये,
नहीं लागू होता टीवी, फिल्मी बाल कलाकारों के लिए।
घरों दुकानों में कार्यरत बच्चों को, सुधार गृह भेज देते,
यही शिशु, बाल कलाकारों पर क्योंकर लागू नहीं होते।
जब उम्र थी खिलौने से खेलने की, वो नसीब न हुआ।।
मुदित वो बालपन के दिन भी क्या थे कैसे बयां करूं,
जब उम्र थी खिलौने से खेलने की उसे रोज याद करूं।।

अनपढ़ हुकूमत करता है

लिख लोढा पढ़ पत्थर मानुस, जब हुक्मरान होगा,
होगा वही जो बदनसीब के तकदीर में लिखा होगा।
गरीब को और गरीब धनवान को और धनी बनाता है,
ऐसा ही होता है अक्सर जब अनपढ़ हुकूमत करता है।
अच्छे बुरे की पहचान नहीं, बस सुनी सुनाई करता है,
नौकरशाह उसे हांकते हैं, उनके बलबूते ही चलता है।
मुफ्तखोर बन जाती है जनता हराम की रोटी खाता है,
ऐसा ही होता है अक्सर जब अनपढ़ हुकूमत करता है।
हर दिन जुबानी पुलाव पकाता, दिवास्वप्न दिखलाता है,
समस्या बढ़ती ही जाती है, ठोस कदम नहीं उठाता है।
महंगाई बेरोजगारी, अपराध भ्रष्टाचार बढ़ता ही जाता है,
ऐसा ही होता है अक्सर जब अनपढ़ हुकूमत करता है।
कहे मुदित राजा सदा शिक्षित संस्कारी बनाना चाहिये,
अनपढ़ हुकूमत करे जब उसे पदच्युत कर देना चाहिये।

आओ नव स्वप्न सजाएं

दस्तक दे रहा है नव वर्ष, मंगलमय हो सबके लिए,
हर्ष मनाएं खुशियां बांटे नव स्वप्न सजाएं सबके लिए।
स्वीकार हो शुभकामना हर प्राणी मात्र को इस विश्व के,
उन्नति का मार्ग प्रसस्त हो नव स्वप्न लिए इस विश्व के।
सद्ज्ञान की ज्योत प्रज्ज्वलित रहे आगामी नव बर्ष में,
वसुधैव कुटुम्बकम की भावना हो हर जन के नवबर्ष में।
संदेह न हो मात्र किंचित भी हम विजय ध्वजा फहराएंगे,
प्रेम सद्भाव के पथ पर चलकर विश्व विजयी कहलायेंगे।
जीवन में उत्साह प्रचुर हो कदम कभी न लड़खड़ाये मेरे,
नव स्वप्न लिए नव वर्ष खडा लेकर उल्लास हर्ष बहुतेरे।
उत्साह नवल हो, विश्वास नवल, स्वप्न नवल हो नववर्ष में,
धूमिल न हों स्वप्न हमारे, देखे जो आने वाले नववर्ष के।
विदा कर दें इस वर्ष को, नाचते गाते संग हर्ष उल्लास,
आ रहा जब नव वर्ष है, आओ रच डालें नवीन इतिहास।
कहे मुदित, नव वर्ष से सभी को आशा उम्मीदें हैं ढेर सारी,
आओ नव स्वप्न सजाएं, नववर्ष में कर के हम पूरी तैयारी।

मुस्कुराती पतंग

बांस की कमानियों और लम्बी डोर से जुड़ कर,
काग़ज़ की पन्नी से बन जाती है मुस्कुराती पतंग।
आसमान में उड़ती हुई खूबसूरत बड़ी लगती है,
नीली, हरी, लाल, गुलाबी और बहुरंगी ये पतंग।
कभी लंबे पेड़ों पर तो कभी बिजली के तारों में,
अटक लटक जाती है ये मुस्कुराती हुई पतंग।
बच्चे दौड़ पड़ते हैं देख इनअटकी लटकी पतंगों को,
समेट लेते है बची हुई डोर, खिंच लेते कटी पतंगों को।
आँखों में आशा, हाथों में चकरी लिए घरों की छतों पर,
निकल पड़ती हैं पतंग मुस्कान लिये, अपनी नई यात्रा पर।
फैल जाती है इनके कोमल चेहरों पर असीमित मुस्कान,
नाना आकार रूप की पतंग उभरती खिलते कई अरमान।
बढ़ती जाती आसमान में, जैसे छूने सूरज को है बेकरार,
ढील दे धागे को पतंगबाज बढ़ाता जा रहा कंकौवे को,
हस्र क्या होगा इसका, कोई फ़िक्र नहीं नादान घूड्डी को।
कहे मुदित मुस्कुराती पतंग के जीवन का नहीं कोई छोर,
पल भर में छूने लग जाती नभ को, पल भर में जमींदोज।

होली है भाई होली है

होली है भाई होली है, बुरा न मानो होली है,
लिये रंग, अबीर गुलाल, निकली मस्तानों की टोली है।
होली है भाई होली है, बुरा न मानो होली है।।
खुशियों से लबरेज होली मनाते चले हैं,
बैर, बैमनस्य, मतभेदों की चट्टान गिराते चले हैं।
भाईचारे की मिसाल कायम करते चले हैं,
हर्ष उल्लास से सबको रंग लगाते चले है।
होली है भाई होली है, सब मिलजुल खेलें होली है।।
चारो ओर रंग लिये घुम रही यारों की टोली है,
खुशियों से भर रहे सबकी ये तो झोली है।
हंस हंस कर बोल रहे बुढे बच्चे सारे,
होली है भाई होली है, बुरा न मानो होली है।।
हलुवा पूरी पकवान बने है, जी भर के खालो सारे,
सब अपने ही भाई बंधु दोस्त यार है हमारे।
रंग दो चेहरों को सबके अबीर गुलाल से,
मनालें रंगो का त्यौहार आज तो होली है।
होली है भाई होली है, बुरा न मानो होली है।।

आओ हृदय बसों महादेव

आओ हृदय बसो महादेव, मेरे हृदय बसो,
मेरे जीवन में इंद्र धनुष के सारे रंग भर दो ।
कर्म का ज्ञान पाकर, ध्यान में तेरे लिप्त हो जाऊं,
जीवन में यह हो परिरक्षित मन में शांति मैं पाऊं, ।
आओ हृदय बसो महादेव मेरे हृदय बसो ।।
जटा में गंगा, त्रिशूल भुजंग, शीश चंद्रमा सोहे,
करुणा निधान, श्रृष्टि संचालक रूप मन मोहे ।
करुणा स्वरूप, आप ही सब के संचालक ।
भक्ति सागर में डूब जाऊं ऐसा वर मुझको दे दो,
जीवन तुम संवार दो हे महादेव मेरा सारा विष पीलो,
आओ हृदय बसो महादेव मेरे हृदय बसो ।।
जागृत हो जाये अंतरात्मा मेरी संजीवनी वट हो तन,
भक्ति भाव में लीन साधक का सा हो जाये मेरा मन ।
कहे मुदित, हे महेश, तेरे चरणों में ही वास हो मेरा,
करता रहूं गुणगान सदा, रम जाये तुझमे ही मन मेरा ।
आओ हृदय बसो महादेव, मेरे हृदय बसो ।।

रंगीला राजस्थान

शूरवीर छत्राणियों की धरती है यह,
भारत की आन बान और शान है।
माटी जिसकी उगलती सोना हरदम,
वो मेरा रंगीला राजस्थान है।।
साफा, पेचा और मोचड़ी सोहे इन रंगीलों को
लहंगा, अंगिया पहन गरजती देखा छत्राणियों को।
गेंहू, बाजरा, मुंग, मोंठ और आकरी मिसी रोटी,
दाल, चूरमा के संग खाते भोभर सेकी बाटी।
खान-पान, संस्कार और पहनावा यहां का,
सुन्दर न्यारा, सबसे प्यारा और नयनाभिराम है।
माटी जिसकी उगलती सोना हरदम,
वो मेरा रंगीला राजस्थान है।।
देवभूमि, वीरों की माटी कण-कण में देव है बसते,
सालासर हनुमान और खाटू में श्याम है रमते।
जीण भवानी पर्वतों में, रणथंभौर गणपति,
स्वाभिमान हाड़ीरानी और पदमिनी का बलिदान।
सर्वस्व न्यौछावर किया प्रताप, मीरा, पन्ना ने,
गाथा गा रहा इतिहास गर्व और सअभिमान।
वो है मेरा रंगीला राजस्थान है।।
जयपुर, उदयपुर, आबू जोधपुर बीकानेर
ऐसे सुन्दर शहर बसे है जैसे जैसलमेर।
कहे मुदित मेरे राजस्थान की महिमा बड़ी निराली है,
कहते लिखते थके नहीं लेखक, कवि ओ दुनिया सारी है।
मेरे रंगीला राजस्थान की महिमा बड़ी निराली है।।

स्वस्थ शरीर है पावन धाम

स्वस्थ शरीर है पावन धाम, सुरक्षित रखना काम हमारा,
ग़र सुरक्षित रहे यह धाम, खिले जीवन बाग हमारा।
महर्षि पतंजलि ने बतलायी थी, हमे अष्टांग योग की राह,
आसन, प्राणायाम, ध्यान, कीसबकोलगी इसकी चाह।
स्वामी रामदेव जी ने, पहुंचाया योग विद्या को हर घर,
शिक्षक भी अभ्यास कराते, साधकों को नित्य घर जाकर।
कपालभाती, अनुलोम विलोम, भ्रामरी, उद्गीत, और ध्यान।
करते नित्य अभ्यास जो, जीवन चले उनका अविराम।
कपालभाति में पेट में झटका, प्रति मिनट हो साठ बार,
सब रोगों की एक दवा, करो रोज पन्द्रह मिनट लगातार।
अनुलोम विलोम अद्भुत, दीर्घ स्वास प्रश्वास अन्दर बाहर।
बन्द हृदय शिरा खुल जाती, स्वस्थ होते इसको नित कर।
भ्रामरी में भँवरे सा गुंजन, करो पांच से इग्यारह बार,
उद्गीत कहें या कहें ॐकार करो इसे भी उसी प्रकार।
कुछ क्षणों का ध्यान करो, पूरा शरीर शिथिल कर दो,
नाम एक प्रभु का चित्त में, जब तक हो मन में जपते रहो।
मधुमेह पीड़ित जो हो तुम, कर लो थोड़ा भाई मण्डूकासन,
कमरदर्द के लिए तो बन्धु करना ही पड़ेगा भुजंगासन।
जीवन है चलने का नाम, इसको तो बस चलते जाना है,
ना रुके कभी यह जिंदगी, बस एक यही तमन्ना है।
जो आया है इस जग में उसे दुनिया से होगा जाना है,
यही है जीवन का रहस्य जो समझ में आ जाना है।
कहे मुदित बुलंद हौसलें लेकर साथ चल पड़े जो भाई,
स्वस्थ शरीर है पावन धाम, सुरक्षित रखने में ही भलाई।

एक कुता - एक मैना

कुत्ता होता है वफादार,
बिन मालिक हो जाता बेहाल,
मैं तो एक जीव छोटा सा हूं,
पिल्ला, स्वान, कुक्कुर कहलाता हूं।
जीवन मालिक के संग बिताता,
दुम हिला कर खुशी दर्शाता।
गृह रक्षक की भूमिका निभाता,
दूध, रोटी, मांस मछली मैं खाता।
मैना उड़ती फिरती हूं मैं नभ में,
सुन्दर रंगीन पंखों के सहारे।
सारिका मधुरालाशा भी नाम हैं मेरे,
हर कोई सराहता सौंदर्य को मेरे।
गाती रहती हूं मैं खुशी का गान,
प्रेमी जोड़े करते हैं मेरा मान।
सुबह सवेरे दिखलाई पड़ जाती,
सौंदर्य सौभाग्य प्रतीक कहलाती।
कहे मुदित कुता और मैना दोनो,
प्यार दुलार के योग्य है दोनों।
लोग इन्हें घर में रखना चाहे,
पर मैना तो व्योम में उड़ना चाहे।
स्वान पालतू जानवर है फिर भी,
विचरण करना चाहें खुले में।

लाल चुनरी से सजा मां का दरबार

लाल लाल चुनरी से सजा मां का दरबार,
तेरी महिमा निराली, तू है ममता का भंडार।
तू है महाशक्ति, भक्तों की रक्षा तू है करती,
तेरे ममत्व में छिपा है यह सारा संसार।
लाल लाल चुनरी से सजा मां तेरा दरबार।।
सिर पे माँ के सोहे चुनरी लाल,
बिन्दिया चमक रही तेरे भाल।
गले में तेरे दमक रहा हीरों का नवलखा हार,
आयी है तू सजधज के, होकर सिंह पे सवार।
लाल लाल चुनरी से सजा मां तेरा दरबार।।
फरसा, गदा, बाण, वज्र, पद्म, धनुष, दण्ड,
खड्ग, ढाल, शंख, घंटा शूल, पाश और चक्र।
हाथों में धारण करके माता जब तू आती है जग में,
दुश्मन वहां टिक न पाते, हो जाती तेरी दृष्टि जब वक्र।
लाल लाल चुनरी से सजा मां तेरा दरबार।।
कामना है दर्शन हो जाये माँ हम भक्तों को तेरा,
पर्वत, पहाड़ों पर घूम घूम दीदार चाहे भक्त तेरा।
मुदित, लाल लाल चुनरी में सजी मां की लीला अपार,
शब्दों में वर्णी न जाये माता, महिमा तेरी अपरम्पार।
लाल लाल चुनरी से सजा मां तेरा दरबार।।

माँ मुझे विश्राम दे

थक गया हूं मै तो माँ जीवन संग्राम करते हुये,

या तो बाधाएँ दूर कर दो फिर या मुझे विश्राम दे ।

ले ले अपने पल्लू में, जहां प्यार मिलता भरपूर,

प्रकशित कर दो जीवन मेरा, अंधेरा है घनघोर ।

तेरा प्यार तेरी ममता तो अनमोल है मेरे लिये,

क्षमा कर देती हो माँ सारे दुष्कर्म मेरे किये ।

कर दो माफ़ मेरी भूलों को और अब होगी नहीं,

माँ मुझे विश्राम दे दे अब और हिम्मत नहीं ।

तेरे आंचल में शांति मिलती माँ जो बड़ी अनमोल है,

संघर्ष में भरूं उड़ान हौसलों की यही जीवन उसूल है,

कवच बन कर मां खड़ी रहती हर कदम ऐसी हो तुम,

या सफलता का वर दो, या मुझे विश्राम दे दो तुम ।

कंटकाकीर्ण मार्ग पर चलते, पैर लड़खड़ाते लगते मेरे,

गोद में सर रख लेने दो माँ, बाधाओं को विश्राम दे मेरे ।

अगर आईना हकीकत बता दे

आईना तो हकीकत तुरंत बता ही देता है,
वो तो आदमी है जो मुगालते में जिता रहता है।
नैन नक्श हाव भाव भी पल में दिखा देता है,
न जाने फिर भी क्यूं वो एक भ्रम पाले रहता है।
अगर आईना हकीकत बता दे तो क्या हो जायेगा,
पल भर में झूठ का नकाब उसका उतर जायेगा।
आईना तो हकीकत दिखाता ही है, बस देखना पड़ेगा,
निज कमजोरियों, सच्चाइयों को स्वीकार करना पड़ेगा।
आईना तो दिवा स्वप्न से जगा, आगाह कर ही देता है,
हसीन ख्वाब को तोड़ कर सच से रुबरु करा देता है।
यह दर्पण, शीशा, आरसी, आईना कभी झूठ नहीं बोलता,
जो जैसा है उसको वैसा ही, वो अपने में है दिखला देता।
मुदित, अगर आईना हकीकत बता दे, यह प्रश्न ही कैसा है,
अगर समन्दर में जल भर जाये पूछे कोई यह तो वैसा है।

नयनों की बातें

दुनिया में खूबसूरती की मिशाल है नयन,
अच्छे और बुरे की पहचान है नयन।
जो बात मुंह बोल नहीं सकते,
बयान उसका कर देते है नय
मृगलोचनि, मृगनयनी कहा जाता उसे,
जिसके सुंदर आकर्षक होते हैं नयन।
दिल की बातें कह जाते है ये दो नयन,
दिल से दिल को मिलवा देते है नयन।
कुछ लोग नयनो की भाषा समझ नहीं पाते हैं,
इन बहते हुए आंसुओं के काबिल वो कहाँ पाते हैं।
अच्छे को अच्छा बुरे को बुरा बात देते है नयन,
गर किये कर्म बुरे गिरा देते अपनी नजरों में नयन।
आंसुओं का पूरा भंडार रखते है नयन,
कभी खुशी कभी गम में भी बहा देते हैं नयन।
ईश्वर ने नहीं दी जिस अभागे को ये नेमत,
दुनिया उसकी अंधेरी बिना इन दो नयन।।
'मुदित' कर सको तो कर जाना दान अपने ये नयन,
नेत्रदान महादान है, दे जाना दुनिया को अपने ये नयन।

जूठन

भोजन की जूठन तो, कभी भी छोड़नी नहीं चाहिये,
जितने की हो भूख, बस खाना उतना ही लेना चाहिये।
कोई भूख से मर रहा है, खाने को पास में दाना नहीं,
किसी के पास इतना ज्यादा, उसे खाना भाता ही नहीं।
सड़क के किनारे गिरी, जूठन को बीनते हुये लाचार,
भूख से मजबूर हो सह रहे, यह नियति का अत्याचार।
कसूर इन गरीब लाचारों का नहीं, दोष तो हमारा है,
भूखे को खिला नहीं सकते, फैंक देना लगता प्यारा है।
उतना ही लो थाली में, भोजन न जाये नाली में, लिखा है,
फिर भी जूठन के ढेर से, लाचारों को बीनते चुनते देखा है।
भोजन की जूठन पर तो शायद कभी नियंत्रण हो जाये,
पर तन को जूठा कर, फैंक दी गई अबला अब कहां जाये।
किसी के दिल का टुकड़ा, बहशियों द्वारा नौंच फैंका गया,
जर्रा-जर्रा उसके तन का, सारी कहानी बयां कर गया।
इन दरिंदों, इस बहशीपन को समाज से खत्म करना है,
हटेगा नहीं सीने से यह, दुपट्टा आश्वस्त भी हमें करना है।
कहे मुदित जूठन खाने की हो या तन की तिरस्कृत न हो,
खाना जाये थाली में ही, अबला भी समाज में शमिल हो।

सपने कैसे टूट जाते हैं

रात को सोते हुये बड़ा प्यारा सपना एक देखा,

सुबह उठा तो एक बड़ा भ्रम, जो हुआ अनदेखा।

समझ में आया और, हकीकत सामने जब आई,

वह तो सच नहीं, असल में सपना था मेरे भाई।

दुनिया इन सपनों की भी, बड़ी हसीन होती है,

राजा को रंक और रंक को, राजा बना देती है।

सपने सच तो हुआ ही नहीं करते थे कभी,

पर देखना सपने आगे भी, मत छोड़ना तुम कभी।

कुछ पलों की खुशी, तो दे ही देते हैं सपने,

पर खुशी का लम्हा, कभी दे नहीं सकते अपने।

मन की छुपी आरजू को, सपने में दिखा देते हैं,

पूरे तो नहीं हो सकते पर . सपने आश जगा देते हैं।

सपने देख कर सुबह उठने पर, तरोताजा सा लगता है,

कुछ हसीन पलों को, लम्हों के लिए तो जी लेता है।

आरजू दिल की लिये, कभी-कभी सपने टूट जाते हैं,

अधूरे सपनों के तार, अपने ही हाथों से छुट जाते है।

जब हालात के सामने, लाचार होकर हार मान लेते हैं,

हौसला पस्त हो जाता है जब, सपने भी टूट जाते हैं।

सपने ही हैं जो हमारी, उम्मीदों को जिंदा रखते हैं,

वही उन्हें पूरी करने की, तपिश भी तो पैदा करते है।

कहे मुदित अपना सपना, न टूटने दें किसी हालत में भी,

सपने जो संजीदा होते है, वक्त से नहीं डरते हैं कभी भी।

कैसे बताऊं कौन हो तुम

न जाने क्यूं बहुतमहसूसअकेला साकर रहा हूं,

कहीं टूट कर बिखर न जाऊं, सोचकर डर रहा हूं।

उनकी यादें तो जीने न दे रही किसी भी तरह,

कहीं खो न जाऊं उनकी यादों में ही मैं आज।

सुनापनफैल चुका है जिंदगी में तन्हाइयों से,

जाऊं कहां मैं इससे निजात पाने को आज।

इश्क भी तो किया था सबसे छुपते छुपाते मैने,

बहा नहीं सकता अश्कों किसी के सामने आज।

शमशान सी खामोशी खाने को दौड़ती है चारों ओर,

जीने को राह तो सूझ हीनहीं रही मुझको आज।

तुम्हारे नैन नक्श लुभाते मुझको, प्यारी लगती हो,

उस पल का अहसास होता है, जब करीब होती हो।

शर्मा कर धीमे धीमे बतियाना, कशिश सी पैदा कर देता,

गप्पे लड़ाते यों भाग जाना, दिल को छलनी कर जाता।

तुमने अपने हाथों का सहारा मुझको तब दे दिया होता,

जीने का एक मुकम्मल ठिकाना तभी मिल गया होता।

मुदित कैसे बताऊं सारे जहां को कि कौन हो तुम,

हर उस पल को जिंदा रखने का, जरिया भी हो तुम।

मैंने सोचा इश्क करूं

मैंने सोचा, इश्क करूं,

एक नई दास्ताँ, रच दूं।

रब से दिल, को जोड़कर,

प्रेम की चादर, एक बुनूं।

रात को सितारे गिनते बिता दूं,

उसकी यादों में, दिन रात गुजार दूं।

वो जब हंसे, हंस हंस उसे रिझाऊं,

उसकी उदासी में, आंसू मैं बहाऊं।

हाथ थामकर चलूं, उसके साथ ही,

हर रंग में रंग जाऊँ, मैं तो उसके ही।

उसकी खुशी में ही, अपनी खुशियां पाऊं,

ग़र दे वो दर्द भी, तो हंस के उन्हें झेल जाऊं।

मेरा जीवन तो, कर दिया है उसके नाम,

बचाये या मारे यह तो है उसका ही काम।

मुदित ने सोचा इश्क करूं, पर करूं किससे,

एक वो ही दिखा, दूजा नहीं, करूं जिससे।

पेड़ों की पुकार

रिश्ता पेड़ और मनुष्य का, आदि काल से चल रहा,
फिर भी मानव नहीं मानता, कत्ल पेड़ों का कर रहा।
फल, फूल, प्राणवायु देता, हमसे कुछ नहीं मांग रहा,
खुद जल सिंचन कर लेता भूमि से, अपने से ही बढ़ रहा।
जन्म लिया इस धरा पर, यहीं पर इक दिन मर जाना है,
जब तक जीवन है मेरा, सेवा में मानवता की रहना है।
मै भी हूं औरों के जैसा, मेरे भी जाति और नाम हैं,
फलूं, फैलूं, विराट स्वरुप हो, मेरे ऐसे कुछ अरमान हैं।
पत्तों के सुन्दर वस्त्रों को, पहनकर मैं खूब इतराता हूं,
सुन्दर, आकर्षक भी मैं दिखता, सोच कर तब शर्माता हूं।
फल, बनस्पति, पत्र पुष्प, देता निःस्वार्थ ही सब को,
शीतल पवन, सुगन्ध बॉंट, आनंद मिल जाता है मुझको।
बारिश, धूप, सब कुछ सहता, आँधी तूफान से भिड़ जाता,
आजीवन अडिग खड़े रह कर, मैं तनिक भी नहीं हिलता।
मेरी एक करूण पुकार, आज तुम सब कोई सुन लो,
मेरे हाथों को न काटो, मेरे वस्त्रों को तुम ना नोंचो।
कहे मुदित पेड़ों की यह पुकार हमें जरूर ही सुननी है,
नये पेड़ पौधे लगा कर, इस धरा को सुरक्षित करनी है।

चुनावी मौसम

चुनावी बयार बह रही, देखो चुनावी मौसम आया,
नेताओं के वायदे सुन कर, हर आदमी है भरमाया।
चुनना एक प्रतिनिधि को, विकल्प नहीं है कोई दूजा,
कटना तो खरबुजे को ही है, चाकू गिरे या खरबुजा।
जनता के दिल को जीतने, सारे नेता कैसे दौड़ रहे,
हाथ कमल झाड़ू लेकर वो वोट सबसे कचोट रहे।
हर कोई चाहता है, देश उन्नति की ओर हो अग्रसर,
देश में तो उठ रही विकास और विश्वास की लहर।
अपने लिए लड़ रहे, चल रहा चुनावी भाषण का दौर,
जोर एड़ी चोटी का लगा रहे, छोड़ते नहीं कोई छोर।
समय मतदान का आ गया, वोट देने सबको ही जाना,
पहले करो मतदान, उसके बाद ही जलपान है खाना।
ई वी एम में जांच कर, सही प्रत्याशी का बटन दबाना,
नहीं उपयुक्त लगे कोई भी, तो नोटा का बटन दबाना।
मुदित चुनावी मौसम तो, हर पांच साल पर आता है,
छोटे बड़े छुटभैये नेता, उस वक़्त ही मुँह दिखाता है।

सियासी दुकानें

जब भी निर्वाचन का, मौसम आता हमारे देश में,
सियासी दुकानें सजने लगती, शहर गाँव और खेत में।
प्रलोभन, वादे, लुभावने इश्तेहार दुकान में सजा रहे हैं,
नगदी, कपड़े, सोमरस भी उपहार में बांटे जा रहे हैं।
कोई आलू से सोना बनाने की मशीन बेच रहा है,
कोई मुफ्त में पानी, बिजली और शराब दे रहा है।
विश्वकर्मा भी चिंतित है, संसार में सब कुछ मैंने बनाया,
सोना बनाने के उपकरण का, क्यों सोच नहीं मैं पाया।
कई चोर उठाईगीरों ने यहां मिलकर भी दुकान लगाई,
पर गज्जु भाई के मॉल के सामने उनकी नहीं चल पाई।
इन सियासी दूकानों में यहां सिर्फ माल ही नहीं बिकता,
यहां विश्वास, आत्मसम्मान, देशप्रेम कौडी के भाव मिलता।
राष्ट्र प्रगति, विश्व नायक बनाने की जो यहां चिंता करते हैं,
उन्हें ही स्वदेश वासी चोर की उपाधि से नवाजा करते हैं।
तीन सौ सत्तर, तीन तलाक, राममंदिर करके है दिखाया,
बुलेट ट्रेन, काशी, मथुरा व कई मुद्दों का सपना है संजोया।
सबका विकास, सबका विश्वास, ध्येय वाक्य हैं जिनका,
आगामी दसकों तक तो, पैर डिगा नहीं सकता उनका।
मुदित, इस मौसम में कोई लाख, सियासी दुकानें सजा ले,
हाथी पर चढ़, हाथ में कमल लिये को रोक कर दिखा दे।

उम्र गूजर जायेगी फिर मिलें ना मिलें

उम्र तो गुजर ही जायेगी, ये कभी रुकने वाली नहीं,
किससे कब होगा मिलना, यह किसी को पता नहीं।
उम्र पूरी गुजर जाती है, घर गृहस्थी चलाने में बेचारी,
सपने संजोये थे, सब बिखर गये, है ये कैसी लाचारी।
तिनका तिनका जोड़ कर, एक घोंसला था बना लिया,
उम्र बीत गई इसी में, आंधी के झोंके ने उजाड़ दिया।
रिश्ते बनाने में, उन्हें निभाने में, ये उम्र गुजर जाती है,
मिलना किसी से हो न हो, बस यादें ही रह जाती है।
ताउम्र सरकारी मुलाजिम रहे, पर दौलत जमा न हुई,
खेलता है कोई करोड़ों में, हमारी जस की तस ही रही।
नून तेल लकड़ी को जानने में, सारी जिंदगी गुजर गई,
बिन बुलाये मेहमान की मेजबानी में, उम्र सारी कट रही।
वक़्त बहुत लगता है, थोड़ी सी इज़्ज़त कमाने में "मुदित",
इज़्ज़त को मिलने खाक में, एक पल नहीं होता व्यतित।
इस उम्र का क्या है यह तो, कैसे भी गुजर ही जायेगी,
चाह थी जिनसे मिल लेने की वो फिर मिलें ना मिलें।

इश्क में पागल

इश्क में पागल है तेरे, यादों में धड़कता है दिल,
सुनता नहीं किसी की भी, ये जो है बड़ा बे दिल।
जबसे आँखें चार हुई तुझसे, दिल में रोशनी सी हुई,
मिलने को अपने इश्क से, फिरता रहा गली गली।
मेरे सपनों में तू ही, मेरी भावना में भी तू ही बसती,
यह जग है सुना तेरे बिन, श्वासों में भी तो तू ही चलती।
होश नहीं रहता खोया रहता, तेरे ही ख़यालों में हरदम,
हो गया है पागल तेरे इश्क में, सीने में दर्द रहता हरदम।
मानता है रब तुझे, ईशा, खुदा, भगवान भी तुझको,
नहीं विश्वास दुनिया का इसे, करे वही जो तू कहे इसको।
चोट खाई है इसने भी बड़ी, मोहब्बत के चक्कर में ऐ सुन,
न जाने कैसे लगा बैठा है दिल तुझसे, रहती तेरी ही धुन।
तेरी यादों के बगैर गुज़रता नहीं, लम्हा भी किसी दिन,
पागल है दीवाना मर जायेगा याद करते तुम्हें इक दिन।
मुदित, इश्क में पागल बहुत देखे, पर इस सा नहीं देखा,
इश्क, प्यार, मोहब्बत, चाहत का, जुनून भी ऐसा नहीं देखा।

सिक्के के दो पहलू

हर सिक्के के दो पहलू होते हैं,
एक तरफ हेड, दूसरा होता टेल।
एक को इनमें चुन लो मेरे भाई,
नहीं वो आया तो समझ लो फेल।
नाम कुछ भी हों, चाहे दोनों के,
होते दोनों ही अलग अलग।
दोनों का अस्तित्व, पृथक ही होता,
कर नहीं सकता कोई दोनों को सम्यक।
भक्त और भगवान को ही ले लो,
दोनों सिक्के के दो पहलू ही होते हैं।
जैसे भगवान के बगैर भक्त नहीं चलता,
वैसे भक्त बिना भगवान भी बैचैन होते हैं।
पति पत्नी जीवन यान के दो पहिये होते,
एक दूसरे के बिना कहां सुख से जी पाते।
सिक्के के दो पहलू की तरह ही होते हैं ये,
देखने में भले दो पर, आत्मा से एक होते हैं ये।
मुदित, विचार और दृष्टि, होते है सिक्के के दो पहलू,
खनक एक ही होती, भले हों इसके दो भिन्न पहलू।

अपना सूरज स्वयं बन जाओ

आगे बढ़ने के लिए, किसी का मोहताज न बनो,
अंधकार को दूर करने के लिए, खुद ही दीपक बनो।
अपने वजूद को इतना तुम, मजबूत इतना कर लो,
प्रकशित होने के लिये, अपना सूरज स्वयं बन जाओ।
नौका खेने के लिये, पतवार खुद बन जाओ तुम,
रोकने को दुश्मनों को, सीमा की बाड़ बन जाओ तुम।
शिक्षित करने स्वयं को, पाठ्य पुस्तक बन जाओ तुम,
रोशन करने खुद को, अपना सूरज स्वयं बन जाओ तुम।
सामना चुनौतियों का करने, चट्टान खुद ही बन जाओ,
प्रयासों को पूरा करने अपने, मार्ग स्वयं ही बन जाओ।
शक्ति को पहचान कर, आत्म निर्भर बन जाओ तुम,
ज्वाला को करने जागृत, सूरज स्वयं बन जाओ तुम।
महापुरुषों के कृत्यों से लेकर प्रेरणा, आगे बढ़ना होगा,
जीवन में कुछ कर दिखाने को, खामोश रहना नहीं होगा।
मुदित जिंदगी एक सागर है, पार करने कूदना तुम्हें होगा,
चमकने आसमाँ पर अपना, सूरज स्वयं बनना तुम्हें होगा।

सड़क दुर्घटना

कभी नहीं से देर भली सड़क पर लिखा होता है,

घर पर इंतज़ार कर रहा कोई यह संदेश होता है।

नशा करके वाहन चलाना कानून के खिलाफ है,

पकड़े गये तो फिर भारी जुर्माना लगना ही जबाव है।

सड़क पर संभल के चलो, सुनो, जान है तो जहान है,

शराब पीकर गाड़ी चलाना, तो सबसे निकृष्ट काम है।

सड़क पर गड्ढों का होना, तो स्वाभाविक ही होता है,

वाहन चलाते वक़्त तो हमें ही सावधान होना होता है।

सड़कों पर हुई दुर्घटना से, कैसे परिवार बिखर जाते हैं,

छोटे छोटे बच्चे और परिजन अपनों से बिछुड़ जाते है।

रुको, देखो फिर चलो, यही सड़क यातायात का नियम है,

इसे मानकर ग़र चलोगे तभी सुरक्षित आपका जीवन हैं।

तीव्र गति रोमांचक है, करती हानि जीवन व असबाब की,

दुर्घटना न हो इस जगत में, कहीँ भी, किसी भी प्रकार की।

सड़क पर डरकर नहीं, सम्भल कर चलो आँखें खोलकर,

पैदल हो या गाड़ी चलाओ, मोबाइल को जेब में रखकर।

कहे मुदित, सड़क सुरक्षा का प्रण, हम सब ले लें निश्चित,

शराबी चालक, सुस्त प्रशासन, से आस न रखो कदाचित।

अब तो लौट आओ

ऐ मेरे बचपन अब तो लौट आओ,
ले चल फिर से मुझे उस ओर।
जब न कोई चिंता होती थी नहीं कोई फिक्र,
मस्त जिंदगी जीते थे ना होता कोई जिक्र।
ए मेरे लड़कपन अब तो लौट आओ,
ले चल फिर से मुझे अपनी ओर।।
दिन भर खेलते रहते मिट्टी और धूल में,
बारिश मूसलाधार हो या चिलचिलाती धूप में।
नल का पानी होता था प्यास बुझा लेने को,
बगीचे से तोड़ कर खाते हम,
फल फूल सब्जी भूख मिटाने को।
ए मेरे बालपन अब तो लौट आओ,
ले चल फिर से मुझे तेरी ओर।।
जब मुट्ठी में पैसे लेकर सारे,
झोला भर सामान लाते थे।
दस पैसे लेकर जाते स्कूल में,
कई कई चीजें साथ में खाते थे।
शाम को मास्टर जी घर आकर,
सारे बच्चों को पढ़ा कर जाते थे।
उसी तरह पढ़ लिख कर हम भी,
बीए एमए तक पास कर पाते थे।
ए मेरे शैशवकाल अब तो लौट आओ,
ले चल फिर से मुझे उस सुनहले पल की ओर।।
मुदित, बाल्यकाल की यादें बड़ी सुहानी लगती है,
चाहे हम कितना भी, उस ओर लौटना संभव नहीं है।
फिर भी, ए मेरे बालकपन अब तो लौट आओ,
ले चल फिर से मुझे अपनी ओर।।

कोई जख्म दिल का दिखाते भी कैसे

हर शख्स पूछता है, खैरियत से तो है ना आप,
दिल का ज़ख्म तो झेल रहा है, नाना ताप संताप।
इतने घाव दिये है दिल को, इक बेदर्द आशिक ने,
कोई जख्म एक दिल का, उन्हें दिखाते भी कैसे।
केवल मुहब्बत ही जख्म देता है, ऐसा तो नहीं है,
निगाहें भी तो दिल को, नासूर भेंट कर देती है।
खुद ही तराने गाते फिरते थे, उनकी आशिकी में,
कोई जख्म ए दिल किसी को, अब दिखाते भी कैसे।
दिल में बस गये हैं जो, भुलाए नहीं भूले जा सकते,
रात भर करवटें बदलते, निद्रा में समा नहीं सकते।
उनकी आहट होने से, सपने संजोए नहीं जा सकते,
दर्द से तड़पते हुये दिल को, समझाते भी हम कैसे।
सफर ए मोहब्बत की डगर, है कठिन बहुत मगर,
पूरी करनी होगी अकेले ही, राह ए जिगर दुष्कर।
मुदित, दिल को घाव दिये जिसने, बिंदास सो रहा ऐसे,
कोई जख्म ए दिल किसी को, हम दिखाते भी कैसे।

हरे भरे खेत

हरे भरे लहलहाते खेत, बड़े ही सुहाने लगते हैं,
फल फूल अनाज से सजे, बड़े अच्छे लगते हैं।
सज धज कर ये खेत, नभ को जब रिझाते है,
आकृष्ट होकर अंबर भी, प्रेम बूंद बरसाते हैं।
खेत हमारी शान हैं, भारत महान की पहचान है,
लहलहाते खेत ही, हमारे कृषकों का अभिमान हैं।
सुबह सवेरे सूरज के साथ किसान जो निकलता है,
बैलों की जोड़ी को साथ ले खेतों में मेहनत करता है।
सुबह से देर शाम तक, रहता हैं यह अन्नदाता खेत में,
रोपेगा धान, गेहूं, सरसों, बाजरा, होंगे उसी की रेत में।
खीरा, ककड़ी, ईख मतीरा भी लगता जोरों पर खेत में,
बस धूप बारिस मिलती रहे समय समय पर खेत में।
धरती और आकाश का प्रेम, किसी से छुपा हुआ नहीं है,
प्यासी धरा की जल पिपासा को बुझाता भी तो वही है।
बूंद-बूंद बरसात की देखो, कितनी प्यारी है लगती,
हरे भरे लहलहाते खेत को जरूरत इसकी है रहती।
मुदित हरे भरे खेत' ही, कृषि प्रधान देश की शान होते है,
कृषक, किसान भूमिपुत्र को, तभी अन्नदाता कहते है।

जल प्रवाह सा बहता जाऊं

नीले गगन के तले ज्यों, नदिया, सागर बहता है,
प्रेम प्रपात के जल प्रवाह सा मै भी बहता जाऊं।
सपनों के इस संसार में, मैं प्यार ढूंढता फिर रहा,
हर कष्ट तकलीफ़ सह कर भी, मैं बढ़ता जा रहा।
टेढ़ी मेढ़ी राहों पर मैं, अविराम ही बढ़ता जाऊं,
प्रेम दरिया के जल प्रवाह सा मै तो बहता जाऊं।
कभी दुख तो कभी सुख, मैं सबको गले लगाता,
हर सुबह को नित नये रंग में, मैं तो सदा रंगवाता।
जीवन के महासंग्राम में, योद्धा बन लड़ता जाऊं,
प्यार समन्दर के प्रवाह सा, मै यूं ही बहता जाऊं।
हर पल को जीऊँ हंस हंस के, मैं न रोऊं, न रुलाऊं,
जीवन यात्रा के हर लम्हें को, प्रेम से सबको सुनाऊं।
हार और जीत दोनों, जीवन के अहम पहलू होते हैं,
न जीत पर अपार हर्ष और न हार पर खेद जताऊं।
चाह 'मुदित' की, प्रेम झरने के प्रवाह सा, वो बहता जाये,
जीवन के इस खेल मैदान में, अपना खेल खेलकर जाये।

मेरा वृक्ष मेरा परिवार

मेरा वृक्ष, मेरे परिवार का पालक है,
माता पिता सम, यही जीवन दायक है।
प्राण वायु मिल जाती है इन सबसे,
फल फूल दे देते हैं ये दिल खोल के।
घर अंगना में खिलखिलाता है उपवन,
लहराता रहता है वहां एक वृक्ष महान।
ठंडी छांव, शीतल हवा में उसके,
मिल जाता है सुख और बड़ा आराम।
जड़ें पेड़ों की होती है, गहरी व मजबूत,
उसी के बल पर खड़े होते ये धरतीपुत्र।
इंसान और हर जीव जंतु की भूख मिटाते,
अपने ही पत्र पुष्प और फलों को बिछाते।
फलों से लक दक, ये विशाल पेड़ और तरूवर,
महकाते फैलाते खुशबु, अपनी चारों दिशावर।
फलों की मीठी सुगंध, कर देती भाव विभोर,
डालों पर रहता वास, पक्षियों का चहूं ओर।
कहे मुदित निःसंदेह मेरा वृक्ष ही मेरा परिवार है,
इसके बिना जी सकना, सबके लिये दुष्वार है।

प्यार से हमको बुलाया तो करो

प्यार से हमको कभी बुलाया तो करो,

कुछ मन की बातें हमें भी सुनाया करो।

दिल पर हमारे क्या बीत रही है,

हाले दिल हमारा, कभी सुन तो लिया करो।

प्यार से हमको कभी बुलाया तो करो।।

नदिया के किनारे जा कर, प्रेमपत्र लिखा करते थे,

मिल जाते कहीं पर तो, नजरें चार किया करते थे।

वो भी क्या दिन थे जब छुप छुप कर मिला करते थे,

रहता पकड़े जाने का डर, फिर भी रुबरु हुआ करते थे।

मेरे खामोश लबों से भी दिलों दास्तां सुन लिया करो।

प्यार से हमको कभी तो बुला लिया करो।।

तुम्हारा शर्माना लजाना, दिल पे छुरी सी चलाते थे,

धीरे–धीरे फुसफुसाना तेरा, हमें घायल सा कर जाते थे।

जो बात जुबान से कह नहीं सकती वो आँखों से कहो,

जो भाव व्यक्त नहीं कर सकती उसे लिख दिया करो।

मुदित, कभी फुर्सत से, आकर करीब गुफ़्तगू किया करो,

या फिर प्यार से हमको ही, कभी तो बुला लिया करो।।

मुलाकात का इरादा

मुलाकात का इरादा लिये, रोज प्रातः निकलता हूं,
घर से नहा धो, पहन कर धोती बंडी, मैं तो जाता हूं।
इससे पहले पक्षियों से, कर भेंट उन्हें दाना खिलाता हूं,
राह में मिल जाते शावक, रुककर बिस्किट दे देता हूं।
मुलाकात का लिये इरादा, रोज प्रातः निकलता हूं।।

बस गया है आँखों में मेरी, चेहरा केवल तुम्हारा ही,
जुबां पर चढ़ गया है नाम, एकमात्र बस तुम्हारा ही।
मुलाकात के इंतज़ार में, रातें जागते गुजारा करता,
मुर्गा बांग दे, उसके पहले ही, मैं बिस्तर छोड़ देता हूं।
मुलाकात का लिये इरादा, रोज प्रातः निकलता हूं।।

कराग्रे वसते लक्ष्मी . . समुद् वसने देवी . . का पाठ करके,
नित्य क्रिया से निवृत हो, तैयार रोज मैं हो जाता हूं।
मुलाकात का लिये इरादा, रोज प्रातः निकलता हूं।।

घर से जब निकलता हूं, कई लोगों से मिलना होता है,
खैर मकदम जानने के बाद, राम राम जी की होता है।
मुदित, ड्योढी पर पहुंच कर तेरी, उसको नमन करता हूं,
घंटा वादन करके प्रभु, मिलने हेतु करने प्रवेश करता हूं।
मुलाकात का लिये इरादा, रोज प्रातः निकलता हूं।।

हर की पौड़ी

उत्तराखंड की देवभूमि है पवित्र पावन हरिद्वार,
यहीं से खुलते हैं महातीर्थ चारों धाम के द्वार ।
पतित पावनी श्री गंगा माता यहां पर बहती है,
स्नान कर लेने मात्र से हमारे हर पाप हर लेती है ।
हर की पौड़ी, गंगा तट स्थित है एक पवित्र स्थान,
मृतकों को मुक्ति मिलती कर के अस्थियों का दान ।
परिजन अस्थि संचय कर के, यहां लेकर है आते,
पंडे पुरोहित के मार्फत, अस्थि विसर्जन करवाते ।
कार्य संपादन के पश्चात गंगा में सात डुबकी लगाते,
सूर्यदेव, गुरू और पितरों को अंजली प्रदान हैं करते ।
पितृजनों को यहां, पिंडदान भी करवाया है जाता,
दरिद्रनारायण को भोजन, वस्त्र दान दिलवाया जाता ।
मुदित, हर की पौड़ी की संध्या आरती का है महत्त्व बड़ा,
हरिद्वार की हर की पौड़ी है, जन जन की भावना से जुड़ा ।

कब तक मन का दर्द छुपाते

मन के कोरे कागज पर, कैसे लिखूं मैं तेरा अफसाना,
आंसुओं में डूबी है कश्ती, क्या करें यह दिल दीवाना।
बैठा अकेले कोने में, लिखता मिटाता हूं एक कागज पर,
कोशिश कर रहा बहलाने की, मन को तेरी यादों पर।
दिल की बातें दिल में रख, कैसे होंठों पे मुस्कान सजाते,
यह झूठी मुस्कान लिये हम, कब तक मन का दर्द छुपाते।
मन के कागज पर, तस्वीर बनाने की कोशिश है जारी,
सो नहीं पाता जब आंखें लगती हैं तो पलकें होती भारी।
आंसुओं से मन के कागज पर, जख्म से उभर आते हैं,
शब्दों की मरहम को कागज पर, हम उस पर लगाते हैं।
लिख पाऊं अगर कुछ शब्द, मन के इस कोरे कागज पर,
मन का दर्द छुपायेगे कब तक, झूठी हंसी के छलावे पर।
हो रहा निशब्द, दो शब्द भी, इस पर लिख नहीं पा रहा,
आँसूओं को पौंछते रहते, अब या दर्द सह नहीं पा रहा।
अब जीवन लगता है सूना सूना, किसे अपना दर्द बताऊं,
दिल का दीपक बुझ जाने को, कैसे जीवन ज्योत जलाऊं।
यह बावला दिल समझे नहीं, कुछ भी, कैसे इसे समझाऊं,
मूक हो रही जिह्वा मेरी, कैसे गाकर ही मन बहलाऊं।
जड़ हो गये है हाथ मेरे, कलम से भाव भी लिख न पाऊं,
हृदय ज्वाला से जल रहा है, कब तक मन का दर्द छुपाऊं।
कहे मुदित, मन का दर्द कोई भी कभी छुपा नहीं पायेगा,
भावना व्यक्त करना नहीं आसान कोई कैसे कर पायेगा।

मानव भेड़िया

मानव भेड़िया होता है, एक ऐसा सामाजिक जीव,
घूमता रहता है आम जन की भांति, हम सब के बीच।
भीतर से भेड़िया होता, ओढ़े रहता है मनुष्य की खाल
जाग जाता है जब भेड़िया, फेंक देता इंसान की खाल।
विचित्र प्राणी होता यह, हर समाज में है पाया जाता,
आदमी और जानवर, इसमें एक साथ समाया होता।
रहस्यमय होता है यह, घूमता फिरता अकेला ही सदा,
गूंजती आवाज नर की, बोलता जब कभी यदा कदा।
ज्यादातर खामोश रहता, बोलता कम, गुर्राता अधिक है,
मुस्कुराना तो जैसे जानता नहीं, चेहरे में क्रूरता बसती है।
आदमी की खाल में भेड़िये की, छुपी रहती है यह चाह,
समाज के बेहद नाजुक जगहों पर, करवा देना मारकाट।
व्यभिचार, बलात्कार, हिंसा ही है, इसके प्रिय क्रियाकलाप,
नाबालिग बच्चों, स्त्रियों का, कर्णप्रिय है इसको विलाप।
अपने इस उभय चरित्र से, यह भी होता अनभिज्ञ शायद,
वर्ना अपने, करीबी, मित्रों को, मारने की न करता कवायद।
मुदित, मानव भेड़िया एक, बड़ा खतरनाक प्राणी होता है,
इंसानी बस्ती में सभी को, इससे सावधान रहना होता है।

जल बचाओ, जग बचाओ

जल जीवन, जल अमृत, मोल इसका समझो,
हैं जल श्रोत सीमित, पानी का सदुपयोग करो।
नदी, सरोवर, नद, कूप, सुख जायेंगे एक दिन,
वो दिन कैसा भयावह होगा, जियेंगे कैसे इस बिन।
ताल-तलैया, कुएं, नदियां, संभाले रखना इनको,
सचेत अभी से हो जाओ, जिवित रहना जिनको।
वृक्ष लगा हरियाली रखना, जल स्रोत को बढ़ाना है,
पर्यावरण की सुरक्षा हेतु भी, इन कार्यों को करना है।
विश्व की अमूल्य धरोहर जल है, इसको जाया न करें,
विरल धरोहर को बचाने का आओ सभी संकल्प करें।
एक बूंद जल, एक बूंद रक्त से, कहीं भी कमतर नहीं हैं,
जो न समझे इस रहस्य को, वो फिर मानुष नहीं है।
बूंद-बूंद से सागर भरता, इसमें कहां कोई शक है,
पर बूंद बूंद पेय जल का, संरक्षण भी तो आवश्यक है।
मुदित, अट्टालिकाओं के खातिर, पोखरों को पाट दिया,
जल बचाओ जग बचाओ को, हमने तो बिसार दिया।

बरसात से चहुँ ओर हाहाकार मचा है

बरसात ने चारों ओर जैसे हाहाकार मचा रखा है,
नदियाँ जो उफान पर हैं, गाँव, शहर को डूबा रखा है।
घर, खेत खलिहान बह गये, फसलें नष्ट हो रही,
धरित्री की छाती पर बारिस, जमकर वार कर रही।

चारों ओर पानी ही पानी, सड़क पर नाव चल रही,
बिजली भी कट गई, पीने के पानी की किल्लत हो रही।
आजकल तो बरसात के, पानी से ही बाढ़ आ जाती है,
गत दस वर्षों में देखा था फिर इस वर्ष भी बाढ़ आई है।

नालियों का गंदा पानी, घरों में घुस गन्दगी फैलाता है,
ये गन्दगी फिर नाना बीमारी को भी बुला कर लाता है।।
इस समस्या से निपटने में प्रशासन है पूरी तरह विफल,
आश्वासन ही देना आता इन्हें, चाहे लोग होते रहें विकल।

स्थानीय, प्रांतीय नही, यह राष्ट्रीय बिकट है समस्या,
नदियों को जोड़ इसका हल, था अटलजी ने सुझाया।
न होती कहीं बाढ़ और न कहीं भी सूखा ही पड़ता,
नेताओं की राजनीति के चलते, चला गया ठंडे बस्ता।

गर समस्या ही सुलझ जाए तो फण्ड आएगा कहाँ से,
पेट पर लात पड़े नेताओं के, घर इनका भरेगा कैसे।
बाढ़ की विभीषिका के चलते, मर जाते है असंख्य लोग,
घर बार उजड़ जाते हर साल, सड़क पर आ जाते हैं लोग।

कहीं अधनंगे बच्चे दिखते, कोई वृद्ध लाठी लिए,
इस बाढ़ ने बेघर किया, राहत की सब आस लिए।
राहत सामग्री बांटने वाले भी तो कुछ कम नही होते,
सेल्फी फ़ोटो छपवाकर, प्रसिद्धि हज़ारों की पा लेते।

बसें रेल बन्द हो जाती, नाव चलती सड़को पर,
सड़कें पेड़ बने रैनबसेरे, भरोसे राहत शिविरो पर।
घोर प्रलय का रूप यह, बाढ़ की विभीषिका कहलाता है,
इसके कहर में फंसा जीव, कहीं का भी नहीं रह जाता है।

मुदित जहां तक नजर जाती, पानी ही नजर आ रहा है,
आजकल बरसात से चहूँ ओर हाहाकार मचा है।

डाकिया

सबका वो प्यारा था, सभी का था वो दुलारा,
सबकी खबर वो लाता, पढ़कर भी सुनाता।
काम था उसका अनूठा, हर दिन वो है आता
कहते उसे डाकिया, इस नाम से जाना जाता।
पोस्टकार्ड, अन्तरदेशीय और लिफाफे भी लाता,
पंजीकृत, मनि ऑर्डर के रुपये भी वो दे जाता।
खाकी वर्दी, लटकाये झोला सबकी खुशियां लाता,
कभी कभी तार और कभी दुख की खबर दे जाता।
शहर, गांव, महानगरों की गलियां उसकी पहुंच होती,
हर दरवाजे पर उसके आने की दस्तक होती रहती।
बारिश या चिलचिलाती धूप में वह चलता ही रहता,
घर पर आता जब भी वो राम राम जरूर ही कहता।
लाल रंग के लेटर बॉक्स से निकाल पत्र वो है लाता,
चिट्ठियों में बसी भावनाओं को वो निर्विकार पहुंचाता।
न ही थकता न लेता विश्राम, वो था कर्त्तव्य परायण,
सभी के निमंत्रण भी पहुंचाये, भागवत हो या रामायण।
मुदित डाकिया है एक कर्म प्रहरी, सबका उसे प्रणाम,
अपने कर्म से वो कभी न चुकता करके चेष्टा आप्राण।

आषाढ़ के बादल

सावन ओ भादो के महीने वर्षा ऋतु के माह कहे जाते है,
आषाढ़ के बादल भी सावन से कम कीमती नहीं होते हैं।
जून जुलाई के महिने चारों तरफ होती गर्मी और उमस है,
ऐसे में हल्की फुहार से भी मिल जाती थोड़ी तो राहत है।
आषाढ़ में भगवान सूर्य जब अपने प्रचंड रूप में आते है,
कड़ी मेहनत से तैयार हुये अनाज झुलसने लग जाते है।
ऐसे में जब बादल आषाढ के गरज गरज कर बरसते हैं,
कृषकों के मन बाग बाग हो जाते हैं खुशियां छा जाती हैं।
हर तरफ गर्मी और उमस से मिल जाती है हल्की राहत,
जब आते आषाढ के बादल जन जन के मन खिल जाते।
निकल पड़ते किसान खेतों की ओर ले बलद और हल,
लगते आसमान भी सुन्दर जब लहराते आषाढ के बादल।
निहारने की जरूरत नहीं, लगातार नील गगन को अब,
हो रही मूसलाधार बरसात, आषाढ के बादल की जब।
मुदित, आषाढ़ के बादल जब जमकर बरसते लगते है,
कहीं कहीँ तो ये बाढ़ की विभीषिका से रूबरू कराते है।

सावन मनभावन

मनभावन सावन आया देखो, संग खूब हरियाली लाया,
मेघ गरज गरज कर नाचे, और अमृत बारिस को बरसाता ।
पेड़ों पर लग गये है झूले, बच्चों ने झूल कर मौज मनाया,
किसानों का मुख मुस्काया, जैसे ही मेघ ने जल बरसाया ।

सावन मनभावन आया, सावन खूब हरियाली संग लाया,
साथ में रिमझिम बरसती बरसात को लाया, सावन आया ।
मेघ का सृजन होते ही बरसात बरसने लगती अविराम,
रिमझिम बरसती रहती यह तो सुबह, दोपहर और शाम ।

उमड़ घुमड़ कर बादल गरजे, उफने नद नाला चारों ओर,
खेत खलिहान भी लहलहाने लगते सुनकर मेघा का शोर ।
सावन और भादो के महीने वर्षा ऋतु के ही कहे जाते है,
मांस मदिरा, बैगन, साग का इन दिनों परहेज बतलाते है ।

ओ, बर्षा रानी, सुन ले जरा, बच्चो को भी है इंतजार तेरा,
कागज की नाव है तैयार, पकोड़ी संग चाय को बेकरार ।
मेघ का गर्जन, कभी बूंदा बूंदी और मेढक की टर्र टर्र,
मोर मोरनी का मधूर नृत्य, नदियो की ध्वनि कल कल ।

तड़पती प्रिया का मन है पिया मिलन को ब्याकुल,
पल पल सखियों संग क्रीड़ा में रत प्रेयसी है आकुल ।
मनभावन सावन में विरह गीत गाते झूल रही वो झूला,
वियोग से होकर ब्यथित, अपने प्रीतम को रही बुला ।

स्त्री की विरह ब्यथा तो हमेशा ही जगज़ाहिर होती है,
हो पुरुष ब्यथित अगर, तो भी कही सुनी नही जाती है ।
दुखी पुरुष के मन को आजतक न कोई जान पाया है,
पर स्त्री के बिना उसका जग ही सुना नजर आता है ।

औरों की क्या कहूं, मैं तो खुद दुखी हुआ बरसात से,
घर में घुस गया पानी, अब निकल नही सकते घर से ।
मुदित मनभावन सावन में अंधा सब हरा ही देखता है,
दुखी रहते प्रेमी युगल, मिलने को दिल उनका तरसता है ।

हे कृष्ण, तुम पर मैं क्या लिखूं

हे कृष्ण तुम पर मैं क्या लिखूं, कैसे लिखूं।

सोचता हूं तुम पर लिखने की जब भी,

दिमाग कुंद पड़ जाता है मेरा।

बोलता हूं तुम पर कुछ शब्द जब भी,

गला रुद्ध हो जाता है मेरा।

लिखने लगता हूं कलम चल नहीं पाती,

वह भी स्थिर हो जाती है।

हे कृष्ण तुम पर मैं क्या लिखूं, कैसे लिखूं।।

तेरी लीलाएं लिखूं, तेरा महाभारत का ज्ञान लिखूं,

तुझे योगेश्वर लिखूं, राधा कृष्ण लिखूं,

सत्यभामा रुक्मणी का लिखूं, सुदामा का सखा लिखूं,

तुझे बंशीधर, गिरधर या देवकीनंदन लिखूं,

नन्दग्राम का ग्वाल कहूँ या गोपियों का माखनचोर कहूँ,

तुम हो प्रत्यक्ष फिर भी अप्रत्यक्ष, अपरिभाषित हो तुम,

पूछ रहा मुदित, हे कृष्ण तुम पर क्या लिखूं, कैसे लिखूं।

हे कृष्ण तुम पर मैं क्या लिखूं, कैसे लिखूं।।

मैं क्या लिखूं, कैसे लिखूं।।

कवि तुम कविता क्यूं लिखते

कवि तो मै हरगिज नही, बस जोड़ तोड़ कर लेता कलम से,
विचार जब आते मन में, शब्दों में पिरो देता कलम से।
काटता लिखता हूँ बार बार, बदलता शब्दों को कलम से,
कही गलत लिखा न जाये, सो सुधार करता हूं कलम से।
लिखते काटते लिखते, बन जाती है पांडुलिपि कलम से,
सोच सोच कर एक एक, शब्द लिखना होता है कलम से।
मन के कोरे कागज पर कैसे लिखूं मैं प्यार का अफसाना,
आंसुओं में डूबी है कश्ती, क्या करें यह पागल दीवाना।
बैठा अकेले कोने में लिखता हूं, मिटाता हूं कागज पर,
कोशिश कर रहा बहलाने की, मन को पुरानी यादों पर।
मन के कागज पर तस्वीर उकेरने की कोशिश है जारी,
सो नहीं पाता जब आंखें लगती हैं तो पलकें होती भारी।
आंसुओं से मन के कागज, जख्म से उभर आते आते हैं,
शब्दों की मरहम को कागज पर, हम तब लगाते हैं।
सोचता हूं, कवि, तुम कविता क्यूं लिखते, यूँ ही बेवजह,
लिख पाऊं गर कुछ भाव मन के कागज को बना सतह।
मुदित, भावों को शब्द बना, कविता लिखना नहीं आसान,
शुद्ध सात्विक मन से लिखें, तो ही रचना होती है सप्राण।

क्या लाया क्या ले जायेगा

क्या लाया साथ में तू, क्या साथ लेकर जायेगा,
खाली हाथ आया तू बंदे, खाली हाथ ही जायेगा।।
हम सब हैं यात्री इस जग में, कुछ पल ही रुकेंगे यहां,
कर कुछ करतब नट की भांति, चल पड़ेंगे दूसरे जहां।
ये जगत है रैन बसेरा, हम बंजारे, गाड़िया लोहार से,
कुछ दिनों की करके मजूरी, निकल जायेंगे यहां से।
क्या लाया साथ में तू, क्या साथ लेकर जाएगा,
खाली हाथ आया तू बंदे, खाली हाथ ही जायेगा।।
माटी, जायदाद खड़ी करके भी क्या तू पा जायेगा,
टिककर रहना नहीं किसी को, दो गज ज़मीं ही पायेगा।
जितनी जल्दी आया है तू, उतनी जल्दी चला तू जायेगा,
अच्छी करनी का फल अच्छा, बुरे का बुरा फल पायेगा।
क्या लाया साथ में तू, क्या साथ लेकर जाएगा,
खाली हाथ आया तू बंदे, खाली हाथ ही जायेगा।।
चार दिनों की है ये जिन्दगी, इक दिन बचपन में जायेगा,
जवानी, प्रौढ़ और बुढ़ापे में, बाकी समय बीत जायेगा।
क्या रखा है इस आने जाने में, शांति से कहां रह पायेगा,
बहुत छोटी जिंदगी है भाई, क्या यहां से लेकर जायेगा।
मुदित क्या लाया साथ में, क्या साथ लेकर जाएगा,
खाली हाथ आया तू बंदे, खाली हाथ ही जायेगा।।

हमारी वियतनाम यात्रा

गत मई महीने में बेटी सुमेधा, जावाई अभिमन्यु, बेटे सान्निध्य और बहू मेघना ने अचानक हमें बताया कि आपलोगों को वियतनाम घूमने जाना है अत : आप अपना पासपोर्ट जांच लें कि वो सही है या नहीं। हमने भी तुरंत जांचा तो पता चला कि मेरा तो जनवरी 24 में और श्रीमति जी का अभी मई महीने में खत्म हो चुका है।

अभिमन्यु ने फटाफट तत्काल नवीकरण के लिए आवेदन कर दिया और कहा कि आप लोग परसों मंगलवार को सारे कागजात के साथ साक्षात्कार के लिये गुवाहाटी आ जाएं। हमारी तो खुशी का ठिकाना नहीं था आनन-फानन में तैयारी कर राजधानी एक्सप्रेस से मंगलवार सुबह गुवाहाटी पहुंच गये। पासपोर्ट कार्यालय में सारा काम बड़े आराम से सुगमता पूर्वक हो गया और दिन भर में दोनों सालियों सीमा, अंजू से मिलते हुये वापस राजधानी एक्सप्रेस से ही डिब्रूगढ़ आ गये। हमें बताया गया कि वियतनाम यात्रा 25 जून 2024 को गुवाहाटी से सुमेधा, अभिमन्यु और सुमेधा की सासु माँ मालविका जी के साथ शुरू होगी और 04 जुलाई को घर पहुंचकर समाप्त होगी। गुवाहाटी से लौटने के तीन दिन बाद ही हमारा नया पासपोर्ट भी आ गया और शुरू हो गई हमारी विदेश यात्रा की तैयारियां। वहां के हिसाब से कपड़े, टोपी, चश्मे, चप्पल, जुते, छाते आदि श्रीमति जी के लिए बहू मेघना ने सलवार सूट, कोट सूट की खरीदारी शुरू कर दी। जाने का समय नजदीक आने लगा तो ले जाने वास्ते सुखी खाद्य सामग्री जैसे नीमकी, भुजिया, थेपड़ा,

रोटी, अचार, सुखी चटनी बनाना शुरू हुआ।

23 जून को सुबह 4.30 बजे मैं, नीलम, सानी और हेमू (निरज) गाड़ी से धेमाजी, लखीमपुर होते हुये तेजपुर के लिये यात्रा शुरू की 9.30 बजे तेजपुर पहुंच गये। वहां सानी और हेमू को कोई व्यावसायिक कार्य था, मेरे साले साहब मनोज और सलहज कविता हमें नगांव ले जाने के लिये तैयार थे, हम दोनों ने गाड़ी बदली और 11 बजे नगांव पहुंच गये। सोमवार को दोपहर बाद गुवाहाटी के लिये निकले और शाम करीब 5.30 बजे पहुंच गये। रास्ते में अंजु को लेते हुये सुमेधा के घर गये वहीं पर सीमा भी आ गई। मैने तो टी 20 विश्व कप का भारत बनाम ऑस्ट्रेलिया का मैच देखा जिसे भारत ने जीत लिया था।

ये तीनों बहनों ने रास्ते के खाने का समान बनाने और सुमेधा की पैकिंग करने में मदद की। फिर सीमा अंजू तो अपने अपने घर चली गई। सुबह 8 बजे की उड़ान थी अतः हवाई अड्डे भी जल्दी पहुंचना था सोते सोते रात के 12 बज ही गये। सुबह 3 बजे उठकर तैयार होने लगे। 4 बजे हवाई अड्डे के लिये निकल पड़े। 1 कैब में अभिमन्यु अपनी माँ को लेकर और दूसरी कैब में हम तीनों हवाईअड्डे पहुंच गये। सारी औपचारिकता पूरी कर कोलकाता के लिए उड़ान भरी। लगभग 10 बजे कोलकाता पहुंच कर सज्जन मामाजी के घर चले गये जो हवाई अड्डे से नजदीक ही था। मामाजी मामीजी, उनके बेटे बहु आदित्य–अर्पिता ने बड़ी गर्मजोशी से हमारा स्वागत किया। थोड़ी देर बाद उनकी बेटी पायल भी हमसे मिलने आ गई जो नजदीक ही रहती है। कुछ समय के बाद सुमेधा अभिमन्यु और पायल बाहर घूमने चले गये। दोपहर बाद करीब 3 बजे हम पुनः हवाईअड्डे ले लिये निकले और 4 बजे तक पहुंच कर सारी औपचारिकता पूरी की और रात 11.30 बजे हो ची मीन (वियतनाम) के लिए इंडिगो की जहाज से उड़ान भरी और करीब 2.40 बजे विदेश की धरती पर पैर रखे। वहां की औपचारिकता पूरी की। हमें होटल ले जाने के लिये गाड़ी तैयार थी। होटल एक्नोस पहुंच कर सो गये।

दिनांक 26 जून को होटल में सुबह 10 बजे तक ही नाश्ता उपलब्ध था अतः सुबह उठकर फ्रेश हुये और नाश्ते के लिये भोजन कक्ष में आ गये। नाश्ता करके हम सभी नीचे आ गये, जहां हमें घुमाने के लिए एक वैन तैयार थी, आज हो ची मिन्ह शहर घूमना है। हमारे टूर गाइड श्रीमान चीन्ह थे उन्होंने हमारा स्वागत चिन चाउ अर्थात सुप्रभात बोलकर किया और अपना परिचय दिया उन्होंने बताया कि आज हम रियुनिफिकेशन पैलेस, सागौन का पुरातन डाकघर, बीटेक्स्को फाईनेंस टावर, सागौन स्काईडेक जो 49 मंजिला है, वहां जायेंगे। चीन्ह ने हमारा परिचय गाड़ी के चालक से करवाया, उसने भी हमारा स्वागत किया और हम उस वातानुकूलित स्वचालित दरवाजे वाली

वैन से नगर परिभ्रमण के लिए रवाना हुये।

सबसे पहले हम रियुनिफिकेशन पैलेस पहुंचे, बहुत ही सुंदर महल था जिसमें विशाल सभागार, भोजन कक्ष, आमोद-प्रमोद के कक्ष भी थे। चीन्ह ने वियतनाम का इतिहास बताते हुए कहा कि हो ची मीन का नाम इसके नेता के नाम पर पड़ा जो 1945 से 55 तक यहां के प्रधानमंत्री और 1979 में अपनी मृत्यू पर्यन्त राष्ट्राध्यक्ष रहे। चीन्ह ने बताया कि वियतनाम ने भी बहुत देशों के साथ युद्ध करके ही स्वतंत्रता पाई है। इस को चीन, जापान, इंग्लैंड, अमेरिका, फ्रांस, जर्मनी आदि सभी देशों ने गुलाम बनाने का प्रयास किया पर अंततः यह एक स्वाधीन राष्ट्र बन पाया।

पूर्व में सागौन शहर का नाम 1975 में हो ची मीन कर दिया गया। कालांतर में वियतनाम की राजधानी हो ची मीन से हटाकर हनोई को बनाया गया और उसे पूर्ण विकसित किया गया। उसके पश्चात हम यहां का पुरातन डाकघर, सागौन सेंट्रल पोस्ट ऑफिस देखने गये उसकी सजावट और कलाकृतियां देखने लायक थी। जो 19 वीं शताब्दी में बनाया गया था जब वियतनाम फ्रांस-इंडो चाइना का हिस्सा था। 1863 में फ्रांस ने इस पर पूर्ण अधिकार करने के पश्चात संचार प्रणाली को दुरुस्त करने हेतु इस डाकघर की स्थापना की। इसके वास्तुकार गुस्तेव एफिल थे उसने ही पेरिस के एफिल टावर, न्यू यॉर्क की स्टेचु ऑफ लिबर्टी और हनोई की लोंग बिन ब्रिज बनाई थी। वास्तव में यह डाकघर कलाकृति का अनुपम नमुना है। इसके बाद हमने वहां नारियल पानी पीया जिसकी कीमत स्थानीय 18000/- डोंग प्रति नारियल थी लेकिन उसने भरी दुपहरी में बड़ी राहत दी।

अब हम बीटेक्स्को फाईनेंस टावर, सागौन स्काईडेक जो 49 मंजिला है, वहां पहुंचे चीन्ह ने टिकट खरीदी, प्रति टिकट डेढ़ लाख डोंग कुल साढ़े सात लाख। हम लिफ्ट के जरिये 49 वे माले पर आ गये। यही था स्काईडेक जहां से नगर का चारों तरफ का दृश्य परिरक्षित हो रहा था चारों तरफ कांच लगे हुए थे और साथी दूरबीन भी लगाए गए थे जिससे दूर की चीजों को, दृश्यों को अपने नजदीक महसूस कर सकते हैं, हमने चारों तरफ घूम घूम कर पूरे वास्तव का आनंद उठाया वहां पर भी हमने काफी समय बिताया तस्वीरें ली। वास्तव में बड़ा ही मनोरम दृश्य वहां से दिखाई पड़ रहा था हम सभी ने इसका बड़ा लुत्फ उठाया। हमलोग वापस होटल के लिये निकल गये रास्ते में सुमेधा और अभि रुक गए कि हम बाजार घूमते हुये रात का खाना लेकर आ जायेंगे। हम तीनों होटल के कमरे में आकर विश्राम करने लगे। कुछ देर बाद हमलोगों ने चाय पी। वो दोनों घूम-फिर कर रात का भोजन लेकर आये। सभी ने भोजन किया और कुछ देर गपशप कर अपने अपने कमरे में सोने चले गये। इस प्रकार वियतनाम के हो ची मिन में हमारा पहला दिन बड़ा सुखद रहा।

दिनांक 27 जून को प्रात : 9 बजे हमलोगों ने नाश्ता किया और नीचे स्वागत कक्ष में आ गये। आज हमारे गाइड लुका तैयार खड़े थे उन्होंने हमारा स्वागत किया और गाडी में ससम्मान बैठाया। लुका ने बताया कि आज हम मुख्य रूप से मेकोन्ग डेल्टा देखने जायेंगे जहां हम यहां के गांव, बाजार, स्थानीय संगीत, नारियल की केंडी, मौसमी फल आदि का आनंद लेंगे। यात्रा आरंभ हुई, यहां की सड़कें बिल्कुल साफ सुथरी और दुरुस्त कि यात्रा में पेट का पानी भी न हिले, सड़क पर कहीं कोई पुलिस कर्मी दिखाई नहीं देता और सबसे बड़ी बात गाड़ियों के हॉर्न की आवाज सुनाई नहीं नहीं पड़ती लगभग डेढ़ घंटे की यात्रा के पश्चात हम लकी बंबू शॉप पहुंचे जहां बांस की बहुत ही महीन कारीगरी द्वारा वस्तुएं बनाई जाती है। हमारे वहां पहुंचने पर वहां के कर्मचारियों ने हमारा बड़ा गर्व जोशी से स्वागत किया, हमें वहां एक कक्ष में बैठाया गया और स्वागत पेय दिया गया इसके बाद वहां के प्रबंधक में हमें वहां बांस से बनी हुई बहुत प्रकार की चीज दिखाई जिसमें टूथब्रश से लेकर बेडशीट, टॉवल, नैपकिंस, रजाई, अंडर गार्मेंट्स आदि सब बांस के द्वारा बनाई गई थी। हमने वहां से कुछ जरूरत की चीजें खरीदी और उन्होंने हमें एक उपहार भी दिया। बड़ा अच्छा अनुभव रहा। हम वापस आगे की यात्रा के लिए निकले, जाते वक्त भी उन्होंने हमारा धन्यवाद किया और परंपरागत ढंग से हमें विदाई दी।

वहां से हम मेकांग डेल्टा की यात्रा के लिए निकल पड़े और लगभग डेढ़ से 2 घंटे के यात्रा के पश्चात हम मेकोन्ग डेल्टा पहुंचे वहां यूनिकॉम एक गाँव है। चीन्ह हमें एक केंद्र में लेकर गए जहां मधु बनाया जाता था, वहां की परिचारिका ने हमें चाय पिलाई जिसमें मधु और कुछ स्थानीय मसाले

मिले गए थे साथ में ही हमें नारियल की बनी हुई कैंडीज और कुछ अन्य मिष्ठान भी खिलाएं। हमने वहां एक बड़ा अजगर देखा जिसके साथ लोग तस्वीर भी खिंचवा रहे थे, उसके बाद हम वहां जंगल के बीच से होते हुए नाना प्रकार के पेड़ पौधे, फल, पुष्प के वृक्ष देखे।

बाहर काफी गर्मी थी फिर भी उस गांव की पृष्ठभूमि में बड़ी शीतलता थी। हम उसे केंद्र से बाहर निकलते हुए वापस अपनी गाड़ी में आकर बैठे, कुछ दूर बाद हमें बैटरी चालित वान में बैठे जो हमें मेकांग डेल्टा के गांव का परिदर्शन कराने वाली थी। उस बैटरी चालित गाड़ी से हम वहां वहां की पतली सकरी गलियों से होते हुए वहां का ग्रामीण परिदृश्य देखा फिर हम एक बाजार में पहुंचे। एक कारखाने में हम गये और देखा वहां नारियल की कैंडी टाफी बनाई जाती थी यह पूरा केंद्र एक ही परिवार द्वारा संचालित था, सभी लोग अपने-अपने काम में पूर्णता व्यस्त थे, किसी को किसी से कोई मतलब नहीं, जिसका जो कार्य था, वह वही कार्य कर रहा था। नारियल की गिरी निकालने से लेकर अंतिम पैकिंग तक का सारे कार्य वहीं, करीब 500 स्क्वायर फीट के हॉल में चल रहा था। हमने पूरा कार्य देखा, बहुत सुंदर ढंग से, सफाई से वह नारियल की तरह-तरह की कैंडीज बना रहे थे जगह-जगह उन्होंने सैंपल भी रख रखे थे चखने के लिए। फिर बिक्री का काउंटर था हमने कई तरह की कैंडिस चखी, बहुत ही स्वादिष्ट थी फिर वहां से हमने कई तरह की कैंडिस खरीदी भी।

वहां से पैदल चलते हुए हमने उसे बाजार का आनंद उठाया नाना प्रकार की बस्ती में वाहन बिक्री हो रही थी छोटी-मोटी घरेलू उपकरण सजावट की चीज नाना प्रकार की वस्तुएं थी। फिर

हम एक रेस्टोरेंट में पहुंचे शांत ग्रामीण माहौल था हम वहां एक टेबल पर बैठे वहां कुछ स्थानीय फल हमारी सेवा में रखे गए कॉफी पिलाई गई वहां के रिवाज के अनुसार कुछ स्थानीय गायक गायिका अपनी भाषा में ही हमारा संगीत के साथ गीत गाकर स्वागत कर रहे थे, हमारे गाइड लुका ने शायद उन्हें बताया कि आज हमारी शादी की 40वीं वर्षगांठ है, इस पर उन्होंने एक विशेष गाना अपनी भाषा में गाकर हमारा स्वागत किया हमारे साथ तस्वीरें ली हमें शुभकामनाएं दी। बड़ा अच्छा लगा, हालांकि उनकी भाषा हमारे समझ में नहीं आ रही थी फिर भी उनकी लय ताल के साथ हमने भी तालियां बजा कर उनका साथ दिया और भरपूर आनंद उठाया।

उसके बाद हम हम शहर लौट आए और वहां " मामा मसाला " नाम की एक मशहूर दक्षिण भारतीय रेस्टोरेंट में दोपहर के बाद का भोजन करने गए। बड़ा स्वादिष्ट और पौष्टिक भोजन हमें परोसा गया, एक खास देखने में आई कि वहां होटल के मालिक ने स्वयं खड़े होकर अपने सामने हमें भोजन परोसा और पूछ पूछ कर हमें भोजन करवाया साथ ही वहां सभी में एक–एक कप चाय भी पी जो बड़ी स्वादिष्ट थी। होटल की तरफ से एक मिठाई भी पेश की गई। तत्पश्चात हम एक्नोस होटल आ गये। आज रात ही हमें अगले शहर दा नांग के लिये हवाई यात्रा के लिये निकलना था अतः होटल आकर सभी विश्राम करने अपने अपने कमरों में चले गये। हालांकि हमनें सुबह ही होटल छोड़ दिया था और हमारा सारा समान स्वागत कक्ष में रख दिया था फिर भी हमें विश्राम के लिये 2 कमरे दे दिये थे। रात को हवाईअड्डे ले जाने के लिए गाड़ी आ गई और हवाईअड्डे छोड़ कर चली गई। वहां की औपचारिकता पूरी कर हमलोग लगभग 1 घण्टे की यात्रा कर मध्य वियतनाम के एक शहर 'दा नांग' पहुंच गये। वहां भी हमारे लिये वाहन तैयार था जो हमें होटल 'ग्रांड सनराईज बुटीक' लेकर आया वहां भी हमारे ठहरने की सुन्दर व्यवस्था थी। देर रात होटल में पहुंचकर हम सब अपने अपने रूम में कमरों में जाकर सो गए।

सुबह थोड़ी देरी से उठे कारण दोपहर बाद ही बाहर घूमने जाने का कार्यक्रम था। फ्रेश होकर नाश्ते के लिए टेरेस पर सुंदर व्यवस्था थी। नाश्ते में शाकाहारी और मांसाहारी, बेकरी, चाइनीज इटालियन सभी तरह के व्यंजन सजे हुए थे, हम सब ने भी अपनी अपनी पसंद का नाश्ता किया। चाय कॉफी की व्यवस्था थी, जूस फल सब कुछ, बहुत अच्छी व्यवस्था नाश्ते की, जिसे जैसी आवश्यकता हो पसंद हो उसे हिसाब से अपना नाश्ता करें। नाश्ता करने के बाद हम वही वही छत पर एक स्विमिंग पूल बनाया हुआ था वहां गए और वहां तैराकी का आनंद लिया, लगभग घंटे भर अभी सुनहरी धूप में ठंडे पानी में तैराकी से शरीर शांत हुआ फिर हम बाहर निकल कर स्नान किया। दोपहर का भोजन हमने होटल में किया बाहर से ऑर्डर करके पुलाव और सब्जी मँगवा

लिया था। उचित मूल्य में अच्छा भोजन दिया गया। आज हमारे टूर गाइड "नाम" ने स्वागत कक्ष में अपना परिचय देकर स्वागत किया और हमें वैन में बैठाया और चालक का परिचय दिया चालक महोदय ने भी चीन चाव कह कर हमारा अभिवादन किया। गाइड 'नाम' ने बताया कि आज हम एक संगमरमर की मूर्तियां बनाने वाले कारखाने सह बिक्री केंद्र में भी जाएंगे जहां शारीरिक रूप से असक्षम लोग सुंदर मूर्तियां बनाते हैं और अन्य कलाकृतियां बनाते हैं फिर यहां के एक प्राचीन शहर 'होई' में जाएंगे जहां पुरातन संस्कृति के मंदिर और प्राचीन घर में दिखाई पड़ेंगे। उसके बाद नारियल गांव में बांस की नौका पर नौका विहार, जापानी पुल, हौआई नदी में लालटेन बोट की सैर फिर अंत में एक पांच सितारा वियतनामी होटल में रात्रि भोजन करेंगे।

हमारी यात्रा प्रारंभ हुई करीब डेढ़ घंटे बाद हम एक बड़े से केंद्र में पहुंचे जहां मार्बल की छोटी बड़ी मूर्तियां बनाई जाती है। एक विशेष बात हमने गौर की वहां के लगभग सभी कार्यकर्ता शारीरिक रूप से विकलांग थे और वे ही सारे कार्य कर रहे थे मूर्तियां बनाने से लेकर बिक्री करने तक। इसके अलावा भी अन्य कारीगरी के कार्य भी कर रहे थे जैसे पेंटिंग, कशीदाकारी आदि। केंद्र वास्तव में देखने योग्य था। वहां से हमलोग यहां के एक प्राचीन गाँव में गये जहां कई प्राचीन

मन्दिर थे नाम ने हमें उन मन्दिरों के बारे में विस्तार से बताया । नाम ने पहले ही बता दिया था कि यहां हमें काफी पैदल चलना होगा क्योंकि वहां की गालियों में गाड़ी का प्रवेश निषेध था केवल हाथ रिक्शा चलते थे इसलिए नीलम और मालविका जी को थोड़ी परेशानी हुई ।

रास्ते में कुछ ऐतिहासिक घर भी देखे जो 150 से 200 साल पुराने थे सभी काठ के बने हुये उनके अंदर की सजावट प्रसंशनीय थी। इस दौरान नाम हमें एक पुल दिखाने ले गया जिसे जापानी पुल कहा जाता है। इस जापानी कवर्ड ब्रिज का उद्घाटन गुयेन फुक चू लॉर्ड ने किया था, जिन्होंने यादगार के लिये दरवाजे के ऊपर तीन चीनी प्रतीकों को उकेरा था। 1986 में इसका जीर्णोद्धार किया गया। इस बीच एक घटना हो गई एक प्राचीन घर में फोटो लेते वक़्त हमारे हाथ की एक बैग वहीं छुट गई काफी दूर जाने के बाद सुमेधा और अभिमन्यु हम तीनों को एक रेस्तरां में बैठाकर बोटिंग करने के लिये अन्य कहीं चले गये थे। नाम भी हमलोगों के साथ ही था। कुछ समय पश्चात ध्यान में आया कि एक बाग तो नहीं हैं जिसमें रास्ते में खरीदे 20 पर्स और 2 फोल्डिंग पंखे थे। हमने नाम को बताया तो वह तुरंत वहां गया पर तबतक वो घर बंद हो चुका था। नाम ने आश्वासन दिया कि अगर वहीं छुटा हुआ है तो मिल जायेगा। मेरा घर ना डांग और इस होई गाँव के बीच मे ही है अतः कल सुबह मैं लेकर आ जाउंगा। कुछ देर बाद सुमेधा और अभि भी आ गये।

उन्हें सारा वाक्या बताया फिर हमलोग 'होआई' नदी के तट पर आ गए जो लेनटर्न स्ट्रीट के किनारे बहती है। हमारे लिए एक लालटेन नौका बुलाई गई जिसमें हम सभी सवार हो गये नाव चल पडी, बड़ा ही सुहावना मौसम था ऊपर आकाश में तारामंडल चमक रहा था चन्द्रमा अपनी चांदनी बिखेर रहा था शीतल हवा चल रही थी। नदी में बहुत सारी नौका चल रही थी, दो मल्लाह पतवार से नाव खे रहे थे लगभग बीच में पहुंचने पर हमें कंदील और माचिस दी गई और हमें उन्हें जलाकर नदी में छोड़ देने को कहा साथ हो अपनी कोई मुराद भी पूरी करने की मन्नत करने को कहा। हमलोगों ने कंदील जलाकर नदी में प्रवाहित कर दिये, बरबस ही हरिद्वार की याद आ गई जहां हर की पौड़ी पर दीप प्रवाहित करते हैं। नौका से उतरकर हम पास ही एक पांच सितारा वियतनामी रेस्त्रां में गए जहां रात्रि भोजन परोसा गया। बहुत सुन्दर और सम्मान के साथ परोसे गये शुद्ध शाकाहारी भोजन को खाकर हम वापस होटल ग्रांड सनराईज बुटीक' आ गये। समय काफी हो चुका था हम सभी थक भी गये थे अतः सभी अपने अपने कमरों में चले गये और फ्रेश होकर सो गये। 29 जून 2024 : सुबह दैनिक नित्यकर्म से निपटकर हमलोगों ने ऊपर तल्ले पर जाकर नाश्ता किया और जरूरी सामान साथ लेकर हम स्वागत कक्ष में आ गये।

हमारे गाइड नाम वहां तैयार खड़े थे चीन चाव कहकर उसने स्वागत किया और वान में सादर बैठाया, गाड़ी चल पडी, नाम ने बताया कि आज हम एक बेहद खूबसूरत पहाड़ी बा ना हिल्स पर जायेंगे जो यहां से करीब 45-50 मिनट की दूरी पर है, आप सभी आराम से रास्ते के नजारों का आनंद लें। तय समय पर हमारी वान रुकी गाइड ने हमें उसके साथ चलने को कहा हम अपने बैग

लेकर उतर गये और नाम के साथ एक हाल में पहुंच गये।

नाम केबल कार की टिकट लेकर आया और हम एक कतार में लग गये। हम 2 केबल कार में बैठ गये इसके जरिये हम ऊपर बा ना हिल्स पर जा रहे थे, रास्ते की छटा अति सुन्दर थी। हमने कैब से फोटो भी ली, लगभग 10 मिनट में हम ऊपर बा ना हिल्स पहुंच गये, वहां विशाल हथेलियों पर एक पुल बनाया हुआ है जिसे गोल्डन हैन्ड ब्रिज कहते है, फ्रांसीसीयों द्वारा इसे सन 1919 में ट्रुडोंग सन पर्वत पर बनाया गया था यह समुद्र तल से 1500 फुट उपर है यह पुल 500 फुट लम्बा है। यह एक अद्भुत और दर्शनीय पुल है इस पर एक जगह कई देशों के ध्वज लगे हुये थे उनमें हमारा तिरंगा भी था हमलोगों ने झंडे के साथ फोटो भी खिंचवाई। उसके बाद नीलम और मालविका को एक स्थान पर बैठाकर मैं, सुमेधा और अभिमन्यु वहां के एक फ्रांसीसी गाँव मे गये जिसमें बहुत सुन्दर एक पार्क था बहुत प्रकार की मूर्तियां लगी थी, सुमेधा और अभिमन्यु ने वहां खूब फोटो खिंचाई। फिर वहीं पर एक तहखाने में शराब की बार में गये जिसे वाइन सैलार कहा जाता है इसे फ्रांसीसीयों ने सन 1923 में बनाया था जिसमें फ्रांस की बेहतरीन शराब रखी जाती हैं। यहां ग्राहकों को बहुत प्रकार की शराब परोसी जा रही थी। युवा वर्ग इसका आनंद उठा रहा था हमने भी सॉफ्ट ड्रिंक्स का लुत्फ उठाया। फिर हम सभी केबल कार से वापस नीचे आ गये और शहर में आकर एक गुजराती होटल में दोपहर का भोजन किया।

आज रात को ही हनोई के लिये उड़ान भरनी थी अतः होटल में आकर विश्राम किया। पूर्वनिर्धारित कार्यक्रम के अनुसार हमें हवाईअड्डे ले जाने के लिए गाड़ी आ गई और हम वहां की

औपचारिकता पूरी कर हवाई जहाज से हनोई आ गये। हनोई में हवाईअड्डे पर हमें होटल में ले जाने के वास्ते गाड़ी तैयार थी कुछ देर बाद हम होटल 'गोल्डन होलीडे' में पहुंच गये। हमारे लिये कमरे बुक थे, हम अपने अपने कमरों में जाकर सो गये।

30 जून 2024 : आज दोपहर बाद ही निकलना था सो सुबह थोड़ी देर से उठे फ्रेश होकर शुद्ध शाकाहारी नाश्ता किया। फिर सभी अपने अपने कमरों में चले गये स्नान वगैरह से निवृत्त होकर सुमेधा और अभिमन्यु भी हमारे रूम में आ गये। अब तक की पूर्ण हुई यात्रा पर चर्चा की और अपने खट्टे मिठे अनुभव बांटे। दोपहर का भोजन होटल में ही मँगवा लिया खाना खाकर थोड़ा विश्राम किया। लगभग चार बजे हम नीचे स्वागत कक्ष में आ गये। आज हमारे साथ गाइड नहीं था कारण आज शहर में ही घूमना था इसलिए हम लोग ट्रेन स्ट्रीट पर आ गये जहां शहर के बीच बाजार से ट्रेन गुज़रती है। वहां के दुकानदार वहां यों ही खड़ा होने नहीं देते। वहां आपको चाय कॉफी या कुछ खाना होगा तभी आपको बैठ कर ट्रेन को देखने दिया जायेगा। अतः हम लोग भी एक दुकान के सामने बैठकर कॉफी का आनंद लेते हुये अपने एकदम करीब से ट्रेन को गुज़रते हुये देखा। यह भी एक अच्छ अनुभव था। वहां भी हमने कई तस्वीरे ली। उसके बाद हमलोग वहां के प्रसिद्ध कठपुतली का शो देखने गये जिसमें वियतनाम की संस्कृति और रीति रिवाजों को और विशेष रूप से कृष्ण लीला दिखाई गई। वहां से घूमते फिरते बाजार हाट देखते हुये होटल आ गये होटल में हो रात्रि भोजन किया। हम सभी अपने अपने कमरों में विश्राम के लिये चले गये।

01 जुलाई 2024 : सुबह तैयार होकर नाश्ता किया और जरूरी समान साथ लेकर नीचे स्वागत कक्ष में आ गये। वहां हमारे आज के टूर गाइड चार्ली ने हमारा स्वागत किया और हमें ससम्मान वान में बैठाया। उसने बताया कि आज हमलोग उत्तरी वियतनाम के रेड रिवर डेल्टा में स्थित निन्ह बिन्ह तरंग, विशेष रूप से टैम कोक हौआ लू और मुआ (तीन गुफाओं) में जाएंगे जिसकी दिन भर की नौका यात्रा बड़ी यादगार होगी। एक लम्बी यात्रा के बाद हम रेड रिवर डेल्टा पहुंच गये। चार्ली हमें नदी के किनारे तक लेकर गया और 2 बोट में हम पांच लोगों को बैठा दिया एक में सुमेधा, मैं और नीलम और दूसरी में अभिमन्यु और उनकी माँ को बिठाया। हमारे नौका को एक महिला चला रही थी उसने हमें हिदायत दी कि बीच में बैठें और नदी के पानी में हाथ न डालें और न ही बोट को किनारे से पकड़े क्योंकि दुसरी बोट एक दूसरे को टक्कर मार कर निकलती है। वहां दृश्य बहुत सुन्दर था हमलोग गुफाओं के बीच से गुजर रहे थे। इसे यूनेस्को विश्व धरोहर स्थल भी घोषित किया हुआ है। वियतनाम के सबसे शानदार क्षेत्रों में से एक माने जाने वाले हरे-भरे चावल के खेतों के ऊपर चूना पत्थर की संरचनाएँ व कार्स्ट दृश्यावली मन को

लुभाती हैं। होआ लू में वियतनाम की प्राचीन राजधानी और दिन्ह और ले के मंदिरों हैं। ट्रांग एन की गुफाओं और चावल के खेतों में नाव की सवारी का आनंद वास्तव में चिर स्मरणीय रहेगा। वापस लौटते हुये हमने बिच डोंग पैगोडा के दर्शन किये। शहर आकर हमलोगों ने एक भारतीय रेस्तरां सेफ्रोन में उत्तर भारतीय भोजन किया और वापस होटल आ गये। अगले दिन हमें सुबह जल्दी क्रूज पर जाना था इसलिए आज विश्राम ही करेंगे ऐसा निश्चय किया।

02 जुलाई 2024 : सुबह जल्दी उठकर हम सभी तैयार हो गये, क्योंकि 2 दिनों के लिये हम क्रूज पर जाने वाले थे अत:अपना अतिरिक्त सामान पैक करके होटल में छोड़ कर चेक आउट कर लेना था, इसलिए नाश्ता करके हम सामान सहित स्वागत कक्ष में आ गये। हमारे आज के गाइड गाइड ' ली ' ने चीन चाव कहकर हमारा स्वागत किया और हमें वान तक लेकर आया। हम अपनी अपनी सीट पर बैठ गये।सुबह करीब 8 बजे हमलोग हालोंग बे के लिये रवाना हुये जो करीब 3 घन्टे की यात्रा थी जहां से हम एक क्रूज पर एक दिन एक रात बितायेंगे। ली ने बताया कि यहां करीब 1969 द्वीप है। रास्ते में हम लघु शंका के लिए हाईजोंग में 10 मिनट के लिये रूके। यात्रा पुन: शुरू हुई। फिर हम Ngoc Legend Pearl में रुके जहां सीप से मोती निकालने का कारखाना है। हमने इस प्रक्रिया को भी देखा और कुछ तस्वीरें ली। लगभग 11.15 बजे हम हालोंग बे पहुंच गये। अपना सामान क्रूज के कर्मचारियों को सौंप दिया। लगभग 11.45 बजे छोटे बोट से "अस्पीरा" क्रूज के लिये रवाना हुये जिसमें प्राय: 40/45 मिनट का समय लगा। अस्पीरा क्रूज में हमें कमरा नंबर 108 और 110 दिये गये जिसमें 110 में 3 बिस्तर थे जिसमें मैं, नीलम और मालविका जी ठहरे। क्रूज में पहुंचते ही स्वागत पेय मतीरे का शर्बत दिया गया और दिनभर के कार्यक्रम के बारे में बताया गया। उसके बाद दोपहर का भोजन शुरू हुआ। हमारे लिये पूर्ण शाकाहारी भोजन परोसा गया जो बहुत ही स्वादिष्ट था। दिन के 2.30 बजे हम कायाकिंग नौकायन के लिए गए जिसका बच्चों ने भरपूर आनंद उठाया और हम उनके साथ बांस की नौका में 6 व्यक्ति सवार थे। प्रशांत की लहरों पर छोटी सी नौका हिचकोले खाते चल रही थी और चल रही थी ठंडी ठंडी हवा। महासागर के बीच गुफाओं से नौका का गुजरना एक अनुपम आनंद दे रहा था। शाम को करीब 4.15 बजे हम वापस क्रूज पर लौट आये। अब 4.30 बजे बच्चे तैराकी के लिए गए, क्रूज के निकट ही एक सीमित क्षेत्र में जीवन रक्षक जेकेट पहनकर घंटे भर खूब मस्ती की। शाम 5.30 बजे से भोजन कक्ष में "खुशी के पल" कार्यक्रम के लिए गए जहां अपनी इच्छा की खाने पीने की वस्तुएं सुलभ मूल्यों में उपलब्ध थी। शाम 6.30 बजे से पाक कला की एक कक्षा भी ली गई, विभिन्न खाद्य सामग्री बनाना सिखाया, जिसमें सुमेधा ने भी भाग लिया। तत्पश्चात

रात्रि भोजन के लिये गये जहां हमें शुद्ध शाकाहारी भोजन परोसा गया भोजन करके वापस अपने अपने कमरें में रात्रि विश्राम के लिए आ गये। अगले दिन सुबह 5.30 बजे उठकर शौचकर्म से निवृत होकर डॉक (छत) पर सूक्ष्म व्यायाम कर फोटो सेशन किया। नीचे आकर सागर में मैंने भी बेटी सुमेधा के साथ कायाकिंग का अनुभव प्राप्त किया। इससे पहले सुमेधा और अभिमन्यु ने कायाकिंग का भरपूर आनंद लिया। फिर रूम में जाकर स्नान कर जलपान के लिए फिर भोजन कक्ष में आए और शाकाहारी नाश्ते का लुत्फ उठाया। नाश्ते में पकौड़े, फिंगर चिप्स, फल, चाऊमीन, चाय कॉफी, जूस आदि उपलब्ध थे। प्राय: 10.30 बजे क्रूज से विदा होकर छोटी नौका से किनारे तक जाकर वापस हनोई की यात्रा शुरू की। किनारे पर वापसी के लिये अस्पीरा की बस तैयार थी जिसमें प्राय: 15 यात्री थे जो विभिन्न देशो के नागरिक थे। रास्ते में होंग नो (Ngoc) में रुके और एक केंद्र में गए जहां शारीरिक रूप से असक्षम लोगों द्वारा कशीदाकारी, चित्रकारी अन्य कई तरह के कार्य किये जा रहे थे। यहां पर 3–4” से लेकर 10 –12' की मार्बल की मूर्तियां भी बनाई जाती है। कारीगरी का बेहद खूबसूरत नमुना देखने को मिला। आधे घंटे के विश्राम के बाद वापस यात्रा शुरू हुई। अपराह्न 3.15 बजे वापस हनोई की गोल्डन होलीडे होटल में पहुंच गये जहां हमारे लिये 2 कमरे आरक्षित थे। कमरे में फ्रेस होकर मैं, सुमेधा और अभिमन्यु जी बाजार करने निकले। स्थानीय बाजार से यहां की विशेष बरसाती, चप्पल, चाबी के कड़े, चाकलेट और कुछ स्थानीय फल आदि की खरीदारी की। वापस होटल आकर थोड़ा विश्राम किया। रात्रि भोजन बाहर से मँगवा लिया। रात को करीब 11 बजे हवाईअड्डे के लिये निकल पड़े। स्थानीय समयानुसार रात 3.10 बजे (भारतीय समय – रात 01.40 बजे) कोलकाता के लिये हमारी उड़ान थी। हवाईअड्डे पहुंच कर सारी औपचारिकता पूरी कर, सुरक्षा जांच करवा कर रात 1.30 बजे प्रस्थान कक्ष में बैठ गये। विमान ने समय से कुछ पहले ही उड़ान भरी और भारतीय समयानुसार प्रात: 4.20 बजे कोलकाता में पवित्र भारत भूमि को स्पर्श कर नमन किया।

विमानबन्दर की औपचारिकता पूरी कर वापस डिब्रूगढ़ की यात्रा हेतु सुरक्षा जांच करवा कर प्रस्थान का इंतजार कर रहे थे, वहीं सुमेधा, अभिमन्यु और उनकी माँ मालविका जी ने गुवाहाटी के लिए दूसरे विमान से प्रस्थान किया। समयानुसार हमने भी डिब्रूगढ़ के लिए उड़ान भरी और सकुशल डिब्रूगढ़ पहुंच गये। पुत्र सानिध्य हमें लेने हवाईअड्डे आ गया था। जब घर पहुंचे तो देखा सड़क जल प्लावित हो रखी है। गत कुछ दिनों से शहर की सड़कें गलियां नदी का रूप ले रखी थी। पानी मे चलकर ही घर में प्रवेश किया। इस प्रकार हमारी वियतनाम यात्रा को विश्राम मिला।

मेरी गुजरात महाराष्ट्र यात्रा

जुलाई 2019 में सरकारी नौकरी से अवकाश प्राप्त करने से पहले अंतिम बार ITS (2 वर्षों में एक बार सरकारी खर्च पर यात्रा) का लाभ उठाने हेतु 01 फरवरी 2019 से गुजरात के अहमदाबाद, द्वारका, सोमनाथ, नागेश्वर, सूरत और महाराष्ट्र के पुणे, घृष्णेश्वर, शिरडी, शनि शिंगणापुर आदि स्थानों की यात्रा का कार्यक्रम बच्चों के साथ सलाह कर तीर्थयात्रा का कार्यक्रम तय कर लिया। जाना हम दोनों का ही तय था, क्योंकि बिटिया सुमेधा तो दांत की डॉक्टर है और स्नातकोत्तर में शल्य चिकित्सा की पढ़ाई कर रही है और बेटा सान्निध्य पुणे में अंतरसज्जा की शिक्षा ले रहा है। साथ ही मेरी धर्मपत्नी नीलम की छोटी बहन सीमा, जिसका गौहाटी में कपड़े का व्यवसाय है, ने भी हमारे साथ जाना तय किया। हवाई यात्रा और रेल यात्रा की टिकटें अग्रिम बुक करवा ली ताकि उचित मूल्य पर उपलब्ध हो सके।

01 फ़रवरी को एयर इंडिया की उड़ान से कोलकाता फिर इंडिगो की उड़ान से अहमदाबाद जाना था। 31 जनवरी को देर रात तक सारी पैकिंग कर सोने चले गए, अचानक रात 11.30बजे एक समाचार sms के माध्यम से मिला कि आपकी एयर इंडिया की उड़ान 2 घंटे देर से उड़ेगी। बड़ी चिंता का विषय, हवाईअड्डे जाने के लिए गाड़ी के ड्राइवर को भी 6 बजे बुलाया था क्योंकि 8 बजे की उड़ान थी। इस समाचार की वैधता को जांचने में भी बड़ी मशक्कत करनी पड़ी अंत में

विमान कंपनी से बात होने पर निश्चिंत हुए कि उड़ान 8 बजे नहीं 10 बजे उड़ेगी। समय पर मोहनबाड़ी हवाईअड्डे पर पहुंच गए सारी औचारिकताएं पूरी कर इंतजार कर रहे थे तभी एयर इंडिया के कर्मचारी ने देरी के लिए खेद प्रकट करते हुए जलपान का एक पैकेट प्रस्तुत किया। उनका आतिथ्य देखकर अच्छा लगा। सुरक्षा जांच करवा कर विमान में सवार हो गए। एयर इंडिया के विमान अन्य कम्पनियों की तुलना में बेहतर लगे साथ ही उनका आतिथ्य। कुछ देर पश्चात नाश्ता परोसा जाने लगा और पता ही नहीं चला कब कोलकाता पहुंच गए। हवाई अड्डे पर उतर कर सामान लेकर वहीं विश्राम करने की सोच ही रहे थे कि श्रीमती जी के ननिहाल, जो कोलकाता में ही है से खबर आई कि आप लोगो के लिए केब बुक कर दी गई है। आप घर पर आ जाए क्योंकि आपकी अहमदाबाद की उड़ान तो शाम 5 बजे है काफी बहस के बाद हमें ससुराल जाना ही पड़ा। वहां विश्राम भोजन के बाद सीमा को, जो गुवाहाटी से कोलकाता पहुंच चुकी थी, को साथ लेकर नेताजी सुभाषचंद्र बॉस हवाईअड्डे पर पहुंच गए। इंडिगो की उड़ान से हम लोग अहमदाबाद पहुंचे। हम एक कैब बुक कर श्री राणी सती मंदिर आ गये जहां हमने पहले से कमरा बुक करवा रखा था बहुत ही उचित दर पर बहुत अच्छी व्यवस्था थी। कमरे के किराए में ही सुबह का नाश्ता मुफ्त था वह भी बहुत ही उच्च कोटी का। गाजी कैब्स की एक गाड़ी हमने यहां से ही बुक करवा ली थी जो हमे अहमदाबाद, द्वारका, सोमनाथ आदि स्थानों की यात्रा करवा देगा। 2 फरवरी को हमने अहमदाबाद घूमने का मन बनाया। सुबह करीब सात बजे गाजी कैब्स के ड्राइवर का फोन आ गया सर मै आ गया हूं।

मैंने 10 मिनट इंतजार करने को कहा, हम नाश्ता करके बाहर आए तो देखा एक युवक गाड़ी के पास खड़ा है उसने हमारा अभिवादन कर गाड़ी में बैठाया। उसने अपना नाम शोएब बताया। मैंने उसे आज का कार्यक्रम बता दिया कि आज हम अहमदाबाद घूमना चाहते है। शोएब ने बताया कि हम कहां कहां जाने वाले है क्या क्या देखने वाले है। निकल पड़े हम अहमदाबाद दर्शन के लिए। शहर पार कर हाई वे पर आ गए, बीच बीच में शोएब हमें शहर के बारे में जानकारी दे रहा था एक कुशल गाइड की तरह। उसने हमें एक ऐसा टी स्टाल दिखाया जो कब्रों के बीच चल रहा है, नाम "लकी टी स्टाल" वहां लोग बड़ी खुशी से कब्रों के बीच बैठ कर चाय और बन का मजा लेते है। कुछ देर पश्चात हम गांधीनगर में "अक्षरधाम" पहुंच गए। सन 1992 में निर्मित स्वामीनारायण जी का यह मन्दिर। मन्दिर की सुरक्षा व्यवस्था, देख भाल ब्दी चक चौबंद। हमारे सेल फोन जमा करवा लिए, अंदर फोटो खींचना सख्त मना था। अंदर एक फोटोग्राफर था जो एक तय शुल्क लेकर मन्दिर को पृष्ठभूमि में आपकी फोटो बना कर सुंदर ढंग से देगा।

मन्दिर की सजावट, साफ सफाई इत्यादि काबिले तारीफ थी। कहीं कोई अब्यवस्था दिखाई नही दी। ज्ञातब्य है कि यहां कुछ वर्ष पहले आतंकवादी हमला भी हो चुका है। वहां से निकल कर हम करीब 5 किलोमीटर दूर अडालज गांव मे "अडालज स्टेपवैल" आ गए। यह एक सीढ़ीनुमा कुआ या बावड़ी है जो किसी रिहायशी महल में सन 1499 में बनाया गया था। इसे वर्ल्ड हेरिटेज में सुमार किया गया है। वहां से निकलते निकलते दोपहर हो चुकी थी मैंने शोएब से किसी शाकाहारी होटल में चलने को कहा ताकि भोजन कर सके, उसने कुछ देर में शहर में प्रवेश कर एक शाकाहारी रेस्तरा जो वातानुकूलित था में लेकर गया वहां हम सबने भोजन किया। भोजन करके हम फिर घूमने निकल पड़े और थोड़ी देर मे हम गांधीनगर के ही सरखेज में बने माता वैष्णो देवी के मन्दिर पहुंच गए। जो जम्मू कश्मीर के वैष्णो देवी मन्दिर की हूबहू नकल कर बनाया गया है। पत्थरों को काटकर पहाड़ का दृश्य बनाया गया है प्रकार की गुफा भी बनाई गई है, माता के दर्शन के लिए उन दो गुफाओं से होकर ही जाना पड़ता है। माता के दर्शन कर बड़ी शांति मिली, यहां भी की पिंडियां की पूजा होती है और प्रसाद स्वरूप एक सिक्का दिया जाता है। यहां प्रवेश निशुल्क है। इसे भी एक बड़े भूमिखंड पपर निर्मित किया गया है, गाड़ियों के पार्किंग की अच्छी व्यवस्था की गई है। यहां से निकल कर हमलोग साबरमती आश्रम गए वहां जाकर बहुत सी जानकारियां मिली। अच्छा लगा।

इसके पश्चात हम साइंस सिटी गए, बहुत ही आधुनिक तथा सुंदर ढंग से एक एक चीज को

दिखाया गया था हालांकि ज्यादातर विषय हमारे समझ के ऊपर की थी हां छात्रों के लिए बहुत ही उपयोगी और शिक्षाप्रद थी। और वहां से घूमते हुए हम साबरमती रिवर फ्रंट पहुंचे, जो 2012 में सैलानियों के लिए खोल देने के बाद एक सुंदर पर्यटक स्थल बन चुका है वहां एक फूलों की बगीची तथा नर्सरी भी बनाई गई है साबरमती के पाट को छोटा कर एब बढ़िया सड़क बना दी गई है साथ ही घूमने आये यात्रियों के नदी के किनारे बैठने की तथा खाने पीने की भी व्यवस्था की गई है खासकर नव विवाहित जोड़ों या फिर प्रेमियों के लिए विशेष रूप से आकर्षण का केंद्र है। इसका मुख्य उद्देश्य पर्यावरण को बचाना है।

शोएब ने हमें झूलती मीनार दिखाई। यह दो मीनारों का जोड़ा है इसमें एक राज बीबी मस्जिद के विपरित अहमदाबाद रेल स्टेशन में है और दूसरी सीडी बसिर मस्जिद के विपरित सांगरपुर दरवाजा में है इसमें एक मीनार को हिलाने पर थोड़ी देर बाद दूसरी मीनार भी हिलने लगती है। यह भी कारीगरी का उत्कृष्ट नमूना है। इसका निर्माण सन 1461 से 64 के बीच किया गया था। शोएब न हमें एक नजर दिखाई जो अपनी जगह से तील तील खिसक रही है। कुछ देर में हम कांकरिया झील पहुंच गए। करीब 2.5 किलोमीटर वर्ग क्षेत्र में बनी यह लेक वास्तव में आकर्षणिय है हमने यहां टॉय ट्रेन का भी आनंद उठाया और पूरी झील के चारो तरफ चक्कर लगाया झील के किनारे बड़ी बड़ी मछलियां भी आकर्षण का केंद्र बनी हुई थी लोग उन्हें खाने की चीज डाल रहे थे और वो उछल उछल का ख रही थी झील के चारो तरफ खाने पीने की पूरी व्यवस्था थी, वहींचिड़ियाखाना, झूले, म्यूजियम बने थे। वहां पर काफी समय बिताने के बाद हम शहर के बाज़ार क्षत्र में आ गये वहां छोटी मोटी खरीददारी भी की और लौट आये दादी मन्दिर जहां हम ठहरे हुए थे। शोएब को हमने अगले दिन सुबह 7 बजे आने को कहा और बताया कि की कल हम सरदार पटेल की मूर्ति देखने जाएंगे। शोएब को विदा कर हम कमरे में विश्राम के लिए आए विश्राम के पश्चात नीचे आकर दादी जी के दर्शन को मंदिर में गए दर्शन कर प्रसाद भी लिया और काउंटर से भोजन के कूपन लिए, 70 रुपए शुद्ध शाकाहारी भोजन। खाना खाकर तृप्त हुए, दिन भर की थकान जैसे दूर हो गई। थोड़ी देर इधर उधर चहल कदमी कर फिर कमरे में आ गए विश्राम के लिए। अगले दिन प्रातः 7 बजे निकल पड़े सरदार पटेल की मूर्ति "Statue of Unity" के दर्शन करने। बड़ोदरा और कई छोटे गांव शहरों को पीछे छोड़ते हुए लगभग 200 किलोमीटर की यात्रा कर हम करीब 11 बजे नर्मदा जिले के केवड़िया गांव पहुंच गए।

दोपहर बाद 1 बजे के स्लॉट के लिए टिकट लेकर गाड़ी को यथास्थान पार्किंग कर दी। वहां पर घूमने के लिए बसों की बड़ी अच्छी व्यवस्था थी। बस द्वारा मूर्ति के पास पहुंचे लेकिन मूर्ति के

लिए निर्धारित समय 1 बजे में अभी देर थी अतः पहले सरदार सरोवर डेम और फुलों की घाटी देखने के लिए बस में सवार हो गए। इन बसों का किराया टिकट के मूल्य में ही निहित था अर्थात मुफ्त। हम सरदार सरोवर बांध पहुंचे कुछ फोटो खींची फिर आ गए फूलों की घाटी बहुत सुंदर दृश्य था तरह तरह के फूलों से सजी घाटी, फोटग्राफी के लिए उपयुक्त स्थान, फ़िर हम कहां चूकते, कुछ पत्नी के साथ तो कुछ साली साहिबा के फोटो उतरवाई।

तब तक समय हो चला था मूर्ति के दर्शन का अतः बस के द्वारा पुनः मूर्ति स्थल पर आ गए। स्वचालित सीढ़ियों द्वारा ऊपर तक पहुंचे एक बड़े हाल में लोग कतारबद्ध खड़े थे हम भी लाइन में लग गए। यह कतार थी मूर्ति के अंदर पैरो में बनी लिफ्ट से ऊपर जाने के लिए। इस लिफ्ट से मूर्ति अंदर छाती के हिस्से तक जाने के लिए जहां एक फ्लोर बना हुआ था जहां से बाहर दूर तक का नजारा देखा ज सकता था। लाइन मंथर गति से आगे बढ़ रही थी क्योंकि लिफ्ट मे एक साथ 30-35 लोग ही जा सकते थे। इस बीच कुछ लोगो के एक ग्रुप ने चालाकी दिखाते हुए लाइन के बीच में घुसने की कोशिश की इस पर काफी हंगामा हुआ और उन लोगो अपनी फजीहत करवा कर वापस लाइन के अंत में खड़ा होना पड़ा और लाइन में खड़े लोगों ने अपनी जीत पर भारत माता की जय के नारे लगाए। हम भी लिफ्ट से ऊपर गए कुछ तस्वीरें खींची, दृष्यावलोकन किया और वापस नीचे आए, सरदार पटेल को नमन किया उनकी मूर्ति के साथ भी फोटो ली।

यह सरदार पटेल की मूर्ति जिसे" एकता की मूर्ति " या कहे "स्टेच्यू ऑफ यूनिटी" नाम दिया गया, विश्व की सबसे बड़ी मूर्ति है जिसकी उंचाई 182 मीटर है। इसे 30 अक्टूबर 2013को बनाना शुरू कर 30 अक्टूबर 2018 को पूर्ण किया गया और 31 अक्टूबर 2018 को इसका अनावरण माननीय प्रधान मंत्री नरेंद्र मोदी जी द्वारा किया गया। इसका निर्माण लार्सन एंड टर्बो कम्पनी द्वारा 2, 989 करोड़ रुपए की लागत से किया गया। वहां उनसे सम्बन्धित संग्रहालय आदि देखते हुए वापस बस के द्वारा पार्किंग स्थल पर आ गए जहां शोएब हमारा इंतजार कर रहा था था। हम वापसी यात्रा के लिए निकल पड़े, सभी थक चुके थे कारण भीषण गर्मी थी रास्ते मे भोजन के लिए रुके फिर यात्रा शुरू करते ही हम तीनों ऐसे निद्रा के आगोश में समाए कि अहमदाबाद पहुंच कर ही नींद खुली। कुछ देर वहां का बाजार देखने रुके छोटी मोटी खरीददारी भी की और दादी के मन्दिर पहुंचे रात्रि विश्राम के लिए। अगले दिन हमें द्वारिका, सोमनाथ आदि के लिए तड़के ही निकालना था। अगले दिन शोएब सुबह 7 बजे तैयार खड़ा था हम भी नाश्ता कर तीर्थ यात्रा के लिए निकल पड़े। लंबा रास्ता था हम राजकोट शहर को छूते हुए आगे निकल गए। सूरत से संदीप जी ने द्वारका के पंडा रामचंद्र जी से संपर्क कर हमें उनका मोबाइल नंबर दे दिया

उन्होंने हमारे द्वारका पहुंचने के पहले ही अपने लडके हेमल को राजमार्ग पर भेज दिया और हेमल हमारे आगे की यात्रा के लिए सहयोगी बन गया। उसने हमें बताया कि हम पहले भेट द्वारका जायेंगे और वहां से नागेश्वर ज्योतिर्लिंग के दर्शन करते हुए द्वारका आयेंगे। कुछ देर की यात्रा के पश्चात हम भेंट द्वारका जाने के लिए ओखा पहुंच गए। जहां एक बोट पर सवार होने समुद्र के किनारे पहुंचे। बोट द्वारा यात्रा के लिए टिकट खरीद कर बोट पर सवार हो गए बड़ा ही सुंदर वातावरण था ठंडी ठंडी हवा चल रही थी बोट चल पड़ी कुछ देर में हमने देखा कि पक्षियों का झुंड जहाज के आस पास ही मंडरा रहा था हमने देखा कि लोग बाग उन्हें चने के दाने उछाल कर खिला रहे थे और पक्षी भी बड़े शौक से खा भी रहे थे। हमने भी चने के दौने खरीदे और पक्षियों को खिलाने लगे, पता चला ये विदेशी पक्षियों का झुंड है। हम भेंट द्वारका पहूंच गये।

कुछ सीढ़ियां चढ़कर मन्दिर के द्वार पर लगी कतार में लग गए। मन्दिर के पट बन्द होने का समय होने वाला था अतः पुजारी ने भी जल्द जल्द दर्शन करवा दिए प्रभु के दर्शन कर मन प्रसन्न हो गया। भेंट द्वारका या बेट द्वारका नाम इसलिए पड़ा क्योंकि यहाँ भगवान श्रीकृष्ण और उनके मित्र सुदामा की भेंट हुई थी और सुदामा के द्वारा लाये गए कच्चे चावल भी कहा लिए थे। यहां भगवान को चावल का ही भोग लगता है। दर्शन के बाद वापस हम बोट द्वारा ओखा आ गए और द्वारका के लिये रवाना हुए। वापसी में हम नागेश्वर ज्योतिर्लिंग के मंदिर में पहुंचकर पूजा आराधना की, मन को बड़ी शांति मिली, वहां से द्वारका पहुंचते रात होने को आई थी अतः हेमल हमे होटल द्वारका लेकर पहुंके जहां हमारे विश्राम की व्यवस्था थी। हमे 3 बिस्तरों का आरामदायक कमरा मिल गया था कुछ देर विश्राम कर हम बाहर निकले और एक चक्कर लगाकर मुख्य मन्दिर के बाहर से दर्शन किये और एक रेस्ट्रा में भोजन किया कुल्फी खाई और होटल आ गये। रात को

बहुत अच्छी निंद आई, सुबह जल्दी उठ कर तैयार हो गये प्रभु के दर्शनों के लिए जाना था। पंडित रामचन्द्र जी होटल में आ गए थे उनके साथ भगवान के दर्शन हेतु मुख्य मन्दिर पहुंच गए। पंडित जी के सहयोग से प्रभु के दर्शन कर कृतार्थ हुए वहां से निकल कर हमलोगों ने जलपान किया और फिर हम तुलादान करने के लिए एक अन्य मन्दिर में गये और मैने तुलादान करवाया। तत्पश्चात हमलोगों ने संगम गोमती,, निष्पाप कुंड घाट, दुर्वाशा मन्दिर, त्रिविक्रम मन्दिर, हिमं मन्दिर आफ के मंदिरों के दर्शन कर सोमनाथ के लिए निकल पड़े। रास्ते मे रुक्मिणी मन्दिर के दर्शन किये और सोमनाथ के लिए चल पड़े।

सोमनाथ पहुंचते देर हो चुकी थी अतः भोजन कर हम लेजर शो देखने गेये जिसमे मन्दिर के इतिहास का बहुत ही सुंदर ढंग से चित्रण किया गया था वहां से धर्मशाला में विश्राम करने चले गए। यह नाम को ही धर्मशाला थी पर बहुत अच्छी ब्यवस्था थी। सुबह तड़के उठकर सोमनाथ जी के दर्शन व अभिषेक के लिए जाना था अतः तीनो जने आराम से सोने चले गए। सुबह उठकर जल्दी जल्दी तैयार हो गए और पंडितजी के साथ सोमनाथ जी के पुराने मंदिर में गये जहां अभिषेक होना था हम लोग कतार में लग गए कुछ दे के इंतजार के बाद हम लोगे ने बड़े आनंद के साथ अभिषेक किया। पंडितजी ने मोबाइल से काफी फ़ोटो खींची और वीडियो भी बना दिया। यहां पूजा अभिषेक कर के मन को बड़ी शांति मिली। यहां से निबटाकर हमलोग नाश्ता करने गये फिर वहीं आसपास त्रिवेणी घाट, लक्ष्मी नारायण मंदिर, गीता मन्दिर का दर्शन कर वापस अहमदाबाद की यात्रा के लिए तैयार थे। शोएब भी गाड़ी साफ करके तैयार खड़ा था। पंडितजी से विदा ली आशीर्वाद लेकर हमलोग वापसी यात्रा के निकल पड़े। शोएब ने बताया कि हमलोग पोरबंदर होते हुए अहमदाबाद जायेंगे करीब अढाई तीन घण्टे की यात्रा के बाद पोरबंदर पहुंच गए वहाँ गांधीजी के जन्मस्थान, म्यूजियम, कृष्ण सुदामा मन्दिरआदि कई जगहों को देखा अच्छ लगा।

शोएब ने कहा कि दोपहर का भोजन रास्ते मे करेंगे। वहां से हम यात्रा शुरू कर रास्ते मे रुक कर भोजन किया और पुनः यात्रा पर निकल। पड़े यात्रा लम्बी थी और हम तीनों ने लम्बी नींद मार ली शाम के वक्त एक जगह चाय पीने को रुके फिर यात्रा पर निकले अब अहमदाबाद पहुंचकर हमे सीधे रेल स्टेसन ही जाना था जहाँ से सूरत के लिये ट्रेन पकड़नी थी अतःसोएब को बताया कि अहमदाबाद पहुंच कर बाजार में थोड़ी देर रुकेंगे कुछ सामान खरीदना है। अतः अहमदाबाद पहुंच उसने खुदरा बाजार में गाड़ी खड़ी दी और बताया कि यहां असपको जरूरत की हर चीज मिल जाएगी हमने वहां थोड़ी बहुत शॉपिंग की और अहमदाबाद रेलवे स्टेशन आ गए जहां से सूरत की रेलगाड़ी पकड़ने वाले थे।

रात 11 बजे सूरत पहुंचे, स्टेशन पर मेरे साढू भाई संदीप जी पोद्दार मौजूद थे हमारे स्वागत में। संदीप जी अपनी कार से हमें लेकर घर की तरफ चले साथ ही सूरत के बारे में जानकारी देते हुए। उन्होंने दिखाया सूरत की ब्रिजों की धुलाई सफाई में तल्लीन सफाई कर्मचारी जो रात 11 बजे बाद से ही सड़कों व पुलों की सफाई में लग जाते है। रास्ते में उन्होंने कुछ बड़ी बड़ी इमारतों को दिखाया जो कपड़े के व्यवसाय के लिए मशहूर है जैसे मिलेनियम मार्केट, टेक्सटाइल मार्केट जहां उनके अपने प्रतिष्ठान भी है। घर पहुंचे तो साली साहिबा कविता हमारे स्वागत में पलक पावड़े बिछाए तैयार खड़ी थी। रात काफी हो चुकी थी इसलिए सभी सोने के लिए अपने अपने कमरों में चले गए। सुबह उठने में थोड़ी देर होना स्वाभाविक था। सुबह तैयार होकर अंबाजी के मन्दिर जाने निकले। वहां पहुंच कर माता रानी के दर्शन का धन्य हो गए। बड़ी भव्य मूर्ति, साथ के कमरे में माताजी का शयन कक्ष, जिसमें उनका पलंग, डायनिंग टेबल, अलमारी, अलना, चप्पल सब कुछ सोने के बने हुए। दर्शनों की भी सुव्यवस्था। वहां से हमलोग तीन पत्तियों वाले वट वृक्ष देखने गए। आश्चर्यजनक मगर सच, उस बरगद के पेड़ पर तीन पत्ते ही रहते है चौथी कोपल के खुलने पर एक पत्ता अपने आप गिर जाता है, पर रहते है तीन पत्ते ही। एक जगह ने मुझे बहुत अधिक प्रभावित

किया वो थी "नेकी की दीवार", वहां लोग अपने गैर जरूरत के कपड़े टांग कर चले जाते है और जिसे जरूरत होती है के जाता है, न किसी को पूछने की जरुरत न किसी को बताने की। दो दिन सूरत में कैसे बीत गए पता ही नही चला, और महाशय सन्दीपजी, उन्होंने तो 2 दिनों की छुट्टी ही कर दी, दूकान नही जाना है जबरदस्ती दिन में कुछ देर दुकान भेजा फिर घर पर साली साहिबा कविता थी ही, गाड़ी थी तो दिन में कहीं कहीं मिलना जुलना कर लिया। बाजार घूमने निकल गए टेक्सटाइल मार्केट, मिलेनियम मार्केट आदि देखे, दुकान पर भी गये, वहां पर कपड़ों के लम्प थानों की कटाई, पैकिंग आदि देखे, सीमा ने अपनी दुकान के लिए खरीददारी भी कर ली।

सूरत से हमने पुणे की गाड़ी पकडी। और दूसरे दिन हम पुणे पहुंच गये, वहां बेटा सान्निध्य हमें स्टेशन लेने आ गया, हम सीधे उसके फ्लैट में गये जहां वो अपने दोस्तों के साथ रहता है। हम नहा धो कर फ्रेस हुये। नाश्ता कर हम चारों शिरडी, शनि सिंगनापुर और घ्रिष्नेश्वर ज्योतिर्लिंग की यात्रा के लिये निकल पड़े। सानी ने सेल्फ ड्राइविंग की एक टैक्सी भाड़े पर ले ली थी उसी गाड़ी से हम ने यात्रा शुरू की। पहले हमलोग शनि सिंगनापुर गये वहां दर्शन पूजा करके रात को हम शिरडी के पहले भोसरी नाम के एक शहर मे रुके। सुबह तैयार होकर शिरडी छले गये वहां भी दर्शन पूजा करके घ्रिष्नेश्वर की ओर चल पड़े। शिरडी से निकलते वक्त ही गाड़ी में रास्ते के डिवाइडर से खरोंच लग गई तो उसे भी ठीक कराना जरूरी था क्योंकि भाड़े की टैक्सी थी। रास्ते में एक गैराज देख कर रुके मिस्त्री से पूछा तो कहा हो जायेगा और वास्तव में उसने तुरत-फुरत में ऐसा काम किया कि काबिले तारीफ था और उसने मांगे भी मात्र 200 रुपये। उसे धन्यवाद देकर हमने पुनः यात्रा शुरू की और घृष्णेश्वर पहुंच कर ज्योतिर्लिंग के दर्शन पूजा की और पुणे के लिए रवाना हो गये। पुणे पहुंचने के पहले शक्ति धाम, राणी सती दादी का भव्य मन्दिर है, एकदम झुंझुनूं की तर्ज़ पर बना हुआ, वहां भी दादी के दर्शन पूजा की, भोजन किया और पूणे के लिए निकले। पुणे पहुंच कर सानी ने हमे शहर दिखाया दगरु सेठ (गणेशजी) के दर्शन किया और शहर घूमते हुए घर आ गये। सुबह 3 बजे ही हमें कोलकाता की हवाई जहाज पकडना था इसलिए थोड़ा विश्राम करने को लेट गये। रात का भोजन कर गपशप करने बैठ गये।

देर रात हवाई अड्डे के लिए निकले, हवाई अड्डे पहुंच कर सानी को वापस भेज दिया और हम औपचारिकता पूरी कर हवाई जहाज से कोलकाता पहुंच गये फिर कोलकाता से गुवाहाटी की फ्लाइट पकड़ कर गुवाहाटी आ गये। दिन भर सीमा के घर पर आराम किया और रात को राजधानी एक्सप्रेस से डिब्रूगढ़ पहुंच गये। इस प्रकार हमारी गुजरात महाराष्ट्र यात्रा सफलतापूर्वक सम्पन्न हुई।

कठपुतली सा जीवन

ये दुनिया है एक रंगमंच और कठपुतली है जीवन,
एक पतले सूत्र से बाँध, सूत्रधार करता इसे संजीवन।
हम सब बस उसकी अंगुली के, इशारे पर नाचते रहते है,
कितने तीर मार लिये इस पर, हम प्रफुल्लित होते रहते हैं।
हमारे हाथ में कुछ नहीं, न अपनी लगाम, न ही कोई डोर,
कठपुतली सा है ये जीवन, इसका न कोई ओर न ही छोर।
कठपुतली के खेल में गुड़िया, लटकती नाचती डोर पर,
होता हाड़ मांस के गुड्डे का खेल, जीवन के रंगमंच पर।
कभी चेहरे पर हंसी, कभी किरदार के आंखों में पानी,
नियति के रंगमंच पर, बोलता भी है उसी की जुबानी।
हाथ पैर बंधे हैं कर रहे सब, अपना अपना निजी प्रदर्शन,
कब किसकी डोर टूट जाये हो जाये जीवन का विसर्जन।
सही अदाकारी ही होगी, तेरे किरदार की अंतिम निशानी,
बस यही है तेरी कहानी, जब तक जुड़ी धागे से जिंदगानी।
मुदित, कठपुतली सा जीवन हमारा, है बहुत ही पेचीदा,
इसे सफ़लतापूर्वक निभाने को, रहना होगा अति संजीदा।

स्वतंत्रता के बाद भारत में प्रगति और चुनौतियां (लेख)

प्रगति और चुनौती तो प्रकृति का नियम है, हर प्रगतिशील राष्ट्र या अन्य इकाईयों के सामने समय समय पर अनेकानेक चुनौतियां आ खड़ी होती है। स्वतंत्रता के बाद भारत ने विभिन्न क्षेत्रों में बड़ी प्रगति की है, लेकिन साथ ही उसे कई चुनौतियों का सामना भी करना पड़ा। स्वतंत्रता के बाद भारत में प्रगति की बात करें तो हमारे सामने कुछ तथ्य इस प्रकार से आते है, जैसे

क) राजनीतिक स्थिरता और लोकतंत्र –

भारत ने स्वतंत्रता के बाद एक मजबूत लोकतांत्रिक प्रणाली शुरू की। संविधान लागू होने के बाद से भारत में चुनावी प्रक्रिया लगातार चल रही है, जिसमें जनता अपने प्रतिनिधियों को चुनकर लोकतांत्रिक प्रक्रिया को मजबूत करती है।

ख). आर्थिक विकास –

भारत की अर्थव्यवस्था भी पिछले कुछ सालों में बहुत पहुंच गई है। 1991 में उदारीकरण की नीतियों के बाद, भारत ने तेजी से आर्थिक विकास किया। सेवा क्षेत्र में भारत ने विशेष रूप से आईटी और सॉफ़्टवेयर सेवाओं में उल्लेखनीय प्रगति की है।

ग). शिक्षा और साक्षरता –

स्वतंत्रता के बाद से शिक्षा के क्षेत्र में देखें तो साक्षरता दर में अच्छी बढ़ोतरी हुई है और प्राथमिक शिक्षा में नामांकन दर भी बढ़ी है। कई केंद्रीय विश्वविद्यालय, IIT, IIM जैसी उच्च शिक्षा संस्थान स्थापित किए गए हैं, जो विश्व स्तर पर मान्यता प्राप्त हैं।

घ). स्वास्थ्य सेवाएं –

स्वास्थ्य सेवाओं में जो उल्लेखनीय सुधार हुआ है वह किसी से छुपा नहीं है। स्वतंत्रता के समय भारत में औसत आयु काफी कम थी, लगभग 50 – 55 वर्ष जो अब बढ़कर लगभग 70 वर्ष हो गई है। पोलियो उन्मूलन और अन्य बीमारियों पर काबू पाने में भी भारत ने उल्लेखनीय सफलता प्राप्त की है।

ङ) तकनीकी और वैज्ञानिक –

हमारे देश ने अंतरिक्ष विज्ञान, सूचना प्रौद्योगिकी, और फार्मास्यूटिकल्स में जो प्रगति की है वो जगजाहिर है ISRO द्वारा सफलतापूर्वक किए गए मंगलयान और चंद्रयान मिशन इसके ज्वलंत उदाहरण हैं। अब हम आते है चुनौतियों पर। जब प्रगति होगी तो वहां चुनौतियों का आना अवश्यंभावी है। देखते है भारत ने कैसी चुनौतियों का सामना किया।

अ).गरीबी और आर्थिक, सामाजिक असमानता –

आर्थिक विकास के बावजूद, गरीबी और असमानता अभी भी भारत के सामने एक बड़ी चुनौती के रूप मे खड़ी है। ग्रामीण और शहरी क्षेत्रों के बीच आय की असमानता, और विभिन्न सामाजिक वर्गों के बीच आर्थिक अंतर आज भी एक बड़ी समस्या बनी हुई है।

ब) शिक्षा की गुणवत्ता –

हालांकि शिक्षा की पहुंच ग्राम ग्राम तक हो गई है, लेकिन षिक्षा का स्तर अभी भी एक प्रमुख चिंता का विषय है। कई सरकारी स्कूलों में बुनियादी सुविधाओं का अभाव है और शिक्षा की गुणवत्ता में सुधार की बड़ी आवश्यकता है।

स). स्वास्थ्य सेवाओं की पहुंच –

स्वास्थ्य सेवाओं में प्रगति के बावजूद, ग्रामीण और दूर-दराज के क्षेत्रों में अभी भी पर्याप्त स्वास्थ्य सेवाओं की कमी है।

द). राजनीतिक और सामाजिक अस्थिरता

क्षेत्रीय और जातीय संघर्ष, धार्मिक विवाद, और आतंकवाद जैसी समस्याएं समय-समय पर भारत की राजनीतिक और सामाजिक स्थिरता के लिए खतरा बनी हुई हैं।

ई). पर्यावरणीय चुनौतियां –

तेज़ी से हो रहे औद्योगीकरण और शहरीकरण ने भारत में पर्यावरणीय समस्याओं को हद तक बढ़ाया है। वायु और जल प्रदूषण, वन्यजीव संरक्षण, और जलवायु परिवर्तन जैसी चुनौतियां लगातार बढ़ रही हैं।

स्वतंत्रता के बाद भारत ने कई क्षेत्रों में अद्वितीय प्रगति की है, लेकिन उसे अब भी कई गंभीर चुनौतियों का सामना करना पड़ रहा है। भारत के लिए आवश्यक है कि वह अपनी उपलब्धियों को और सुदृढ़ करे, और साथ ही इन चुनौतियों का समाधान निकालने के लिए ठोस कदम उठाए। इसके लिए सामाजिक, आर्थिक, और राजनीतिक स्तर पर संतुलित और समग्र विकास की आवश्यकता है।

फिर एक निर्भया

नौ अगस्त दो हजार चौबीस की वो एक काली रात,
हुई चिकित्सा महाविद्यालय में एक घिनौनी वारदात।
अठारह सौ छियासी में हुआ प्रथम महाविद्यालय स्थापित,
भारत के बंगाल प्रांत का एक महाविद्यालय प्रसिद्ध।
क्यों सुरक्षित नहीं रहे, ये सर्वश्रेष्ठ महान शिक्षा संस्थान,
आये दिन क्यों होती रहती है इनमें ये घटनायें शर्मनाक।
आज फिर एक बेटी की इज्जत कर दी गई हैं तार तार,
निर्भयाओं की कतार में एक नाम और हो गया है सुमार।
सहा बहुत दर्द, तड़पती रही, नौचते रहे दरिन्दे रात भर,
गूंजती रही उसकी चीत्कार, गहन सन्नाटे को भेद कर।
दरिंदो के बीच लुटी, फिर मिटी, कितनी बेटियाँ खोएंगे,
झंडों में ले कर तख्ती मौन जुलूस फिर सब भूल जाएंगे।
मोमबत्तीयां जला के वो, ऊँचे नारे लगाकर सभी दहाड़ेंगे,
काली पट्टी हाथों में बाँध के वो, फिर से कसम उठाएंगे।
दुनिया यूं ही चलती रहेगी, ऋतुएं भी बदलती रहेगी,
और एक निर्भया इसी प्रकार, हर दिन कुचलती रहेगी।
कहे मुदित ये निर्भया एक नहीं, अनेक है और होती रहेंगी,
तनया के इस शील हरण की, आवाज़ हमें उठानी होगी।

रक्षा का धागा

रक्षा के धागे को खींचना नहीं,
जोर से, वरना टूट जाएगा।
बांध लेना इस डोर को मजबूती से,
यह दिल के करीब ले आएगा।
प्यार का यह बंधन कोई दर्पण नहीं,
टूट जाए जो हल्के से टकराव से।
प्यार की डोर टूटने देगी ना कभी इसे,
छोटे-मोटे झगड़े या फिर मनमुटाव से।
सांसो को मेरी लिख दिया है, नाम तेरे जब,
निकलेगी यह सांसे मेरी, अनुमति से तेरी ही तब।
प्यार है यह, चाहते हैं मेरी, तुझ में ही समाई,
बंधे हैं हम प्यार की डोर में, अब रही ना कोई रुसवाई।
रक्षा का धागा एक बंधन है बहन भाई के प्रेम का,
राखी है, न कोई धागा मामूली, है यह रिश्ता प्रेम का।
इस डोर के सामने सारे रिश्ते फीकें नजर आते हैं,
बहन और भाई के प्यार में देखो ईश्वर नजर आते हैं।
पवित्र बंधन में बंधा यह, रक्षा के धागे में ऐसे,
इससे मजबूत दूसरा कोई बंधन हो सकता है कैसे।
कहे मुदित, रक्षा के धागे को साधारण ना समझना,
प्रेम चाहे जिस किसी से भी हो उसे फरेब ना समझना।

चाँदनी रातों की बातें

चाँदनी रातों की बात की, अलग ही बात होतीं है,
तारों की शीतल रोशनी, गात ताजा कर देती है।
झर झर बहता झरना, सकूं देता है चाँदनी रात में,
प्रेयसी, प्रिय हो पास जब, मगन दिल की बात में।
विशाल पर्वत की तलहटी, नदी की ध्वनि कल कल,
प्रेमी युगल प्रेमालाप करते, जब हो जाते प्रेम विह्वल।
धरती बनी दुल्हन, कर शृंगार नदी, पर्वत, अरण्य का,
चाँदनी रातों में प्रेमी हृदय, विचरण करता मंत्रमुग्ध सा।
चाँदनी रातों की बातें, पुरानी यादें ताज़ा कर देती हैं,
चाँदनी रातों की चाँदनी, दिल की धड़कनें बढ़ा देती हैं।
दुनिया भले खामोश रहे, ये गुनगुनाते चाँदनी रात में,
खो जाते है प्रेम पथिक, बतियाते सपनों की दुनिया में।
पुष्पों की सुगंध भर जाती है, उपवन में चांदनी रात के,
प्यार की झलक दिख ही जाती है, गहराईयों में दिल के।
नदी का तट हो, चाँदनी रात में, बस तेरा मेरा साथ हो,
घूमते फिरते, बातें करते रहें, जब तक न आधी रात हो।
मुदित, चाँदनी रातों की बातें, हमेशा बसी रहती है दिल में,
चाँदनी रातों की चाँदनी, सदा पास रहेगी हमारे दिल के।

सपनों की उड़ान

उड़ना सिखा देते हैं, हमें ये सुनहरे सपने अपने,
प्रेरित करते है सतत, आगे बढ़ने को हमें ये सपने।
निरर्थक नहीं होते, जीवन का अर्थ होते है सपने,
हमें ऊंचाईयों तक, ले जा सकते है ये ही सपने।
प्रयास करते रहो निरंतर, सिखाते है हमें सपने,
जीवन हो जाता है निरस, ग़र न हों हमारे सपने।
हमीं हैं चालक हमारी विमान के, थाम ली जो कमान,
हम तो चल पड़े भरने अपने, सपनों की एक उड़ान।
लिया है ठान मन में अब, हम हार कभी नहीं मानेंगे,
एकनिष्ठ रह कर हमेशा, इन सपनों का मान बढायेंगे।
हम हैं एक साधारण इंसान, नही हैं इतने बड़े गुणवान,
रख कर अपना इमान, भरेंगे अपने सपनों की उड़ान।
चमकती आँखों में बसता है, मेरे सपनों का संसार,
हम तो चल पड़े हैं भरने, अपने सपनों की एक उड़ान।
मुदित जब छु लेंगे आसमान, होगी पूरी सपनों की उड़ान,
उस दिन मात – पिता को भी होगा हम पर गर्व ओ गुमान।

तुझे ढूंढते हुए बहेगी हवा तेरी गली तलक

तुझे ढूंढते हुए बहेगी हवा तेरी गली तलक,
मेरी सांसों की हवा, तेरी गालियों में जाती रहेगी,
हर नुक्कड, चौराहों, चौबारों, पर जा खोज ती रहेगी।
तेरी यादों में आँखें भी, बंद नहीं कर पाउंगा,
मेरी सांसों में तेरी खुशबू ही सदा बसी रहेगी।
तेरी साँसों की खुशबु महकती रहती आसपास,
गैर मौजूदगी करा देती, असलियत का अहसास।
तुझे ढूंढते बहेगी साँसों की हवा तेरी गली तलक,
मेरी सांसों की महक जा बसेगी तेरे दिल तलक।
तेरी हंसी की मीठी झंकार, सांसो में गूंजती है बारंबार,
तेरा आना इठलाना, भाग जाना, कर देता दिल तारतार।
यूं तो हम तुझे ढूंढते रह जायेंगे तेरी टोह भी न लगेगी,
ग़म में तेरे यों ही फिरते रहेंगे, नजरें भी उठ न पायेंगी।
तू तो एक सपने की सी हो गई हो तेरा पता नहीं जानते,
हो गई हो एक अनबुझ पहेली, जिसका हल नहीं जानते।
कहे मुदित तुझे ढूंढते हुए बहेगी y हवा तेरी गली तलक,
खोजती रहेंगी निगाहें मेरी, तेरी गलियों में तुझे अपलक।

किसी की मुस्कुराहटों पर हों निसार

मुझे नहीं पता कितना, प्यार था मुझको उनसे,
कैसे बताऊं कि यह मेरा, पहला ही प्यार था उनसे।
उन्की मुस्कुराहट में ही, मेरी दुनिया बसती है,
उनकी हंसी की खनक, मेरी दुनिया बदलती है।
उनकी मुस्कान दिलों को, जोड़ती और बांधती है,
उनकी मुस्कुराहट से खुशियाँ ही खुशियाँ बिखरती हैं।
मुस्कुराहट से उनकी, दूर हो जाती हैं सारी परेशानियाँ,
मुस्कुराहट से पल भर में ही, रंगीन हो जाती है दुनिया।
कुछ बात थी ज़रुर आपमें, जो उलझे रहते थे हम सदा,
एक दूसरे की चाहतों में खो जाते, थे हम जब यदाकदा।
वो सफर था कितना सुहाना, मंज़िलें भी करीब ही थीं,
रईस थे हम सबसे इस जगत के, दुनिया सारी गरीब थी।
जब मुस्कुराते हो लगता, सुबह की पहली किरण आई,
जगमगा उठता है सारा जहां, जैसे बज रही वहां शहनाई।
मुदित किसी की मुस्कुराहटों पर, हों निसार वो हो आप,
प्रेम हमारा रहा है हमेशा पवित्र, निष्कलंक और निष्पाप।

कर्म और भाग्य

जीवन चलता है, कर्म से ही,
कर्म से ही, चलता जगत सारा।
जैसा कर्म करेगा, तू बन्दे,
वैसा ही फल देगा ऊपर वाला।
समय से पहले, भाग्य से ज्यादा,
किसी को कुछ, नहीं मिल पाता।
जिसने बीज़ बोये, हैं बबूल के,
वो आम कहां से, कैसे पाता।
कर्म की राह पर निरंतर चलना है,
तभी भाग्य अपना, स्वयं लिख पाओगे।
कर दो विवश, विधाता को भी,
तभी हस्तरेखा, बदलवा पाओगे।
कर्म करोगे तो, मिल जायेगा सुख चैन,
भाग्य भरोसे हो तो खो दोगे बसेरा रैन।
जो मेहनत करोगे सच्ची लगन से,
रोक सकेगा न कोई भी संसार में।
कर्म से ही मिल जाती है हर मंज़िल,
कर्म से ही दिख जाती है हर राह।
भाग्य तो मात्र एक सहारा है जीवन मे
कर्म ही पैदा कर देता असली चाह।
मुदित कर्म करो और आगे बढ़ते रहो,
संसार में होगी सदा तेरी वाह वाह।

विघ्न विनाशक गणपति गजानन

जय हो गणपति गणेश, गौरी शिव के प्यारे नंदन,
सबके दुख हरता है तू, मूषक है तेरा प्रिय वाहन।
तुम हो ज्ञान के दाता, शिव के तनय तुम ही हो,
हृदय में है वास तुम्हारा, तुम ही पार्वती सूत हो।
विनती करते हे सुख दाता, तेरी सदा ही जय हो,
जय हो गौरी नंदन गजानन, तेरी सदा ही जय हो।
प्रथम पूज्य तुम हो प्रभु, मिष्ठान्न है तुझको प्यारा,
लड्डू मोदक, मेवा मिश्री से, सजाऊँ थाल तुम्हारा।
जय हो विघ्नविनाशक गणपति, सब करते तेरा वंदन,
पुष्प अर्पित करते हैं, सुख संपदा भरो सबके जीवन।
ऐसी मंगल कामना करते, जय गौरी नंदन गजानन,
तेरी सदा ही जय हो, जय विघ्न विनाशक गजानन।
गणेश चतुर्थी मेरे घर पधारो, धन्य कर दो स्वामी मुझे,
शिव-पार्वती के पुत्र, तुम निर्विघ्न कर दो गणपति मुझे।
गणेश चतुर्थी का पर्व है, भक्ति श्रद्धा से मनाते हम सभी,
ज्ञान बुद्धि की कामना करते, देव गणेशजी से हम सभी।
मुदित विघ्न विनाशक गणपति, है प्रथम पूज्य देव हमारे,
हे लंबोदर, गौरी सुत गणेश, दूर कर दो भव बाधा हमारे।
हे कार्तिकेय स्वामी के अनुज, प्रभु तू तो है दीनदयाल,
तेरी कृपा से हे जगतारण, यह सुंदर सृष्टि हो जाए निहाल।
विनती करते हे सुख दाता, विघ्नहर्ता तेरी सदा ही जय हो,
जय हो गौरी नंदन, गणपति गजानन, तेरी सदा ही जय हो।

गुल्लक की हंसी

गुल्लक को संजोये रखता हूं, सिक्कों को उसमें रखता हूँ
गिन–गिन कर चुन चुन कर उन्हें सम्भाल कर रखता हूँ !
जब जब डालता हूं इसमे दो पांच दस बीस के सिक्के,
गुल्लक की हंसी खनकती है, जब पड़ते हैं इसमें सिक्के।
गुल्लक के सिक्के हमें उस बचपन की है याद दिलाते,
जब बांस के, मिट्टी के या टीन के गुल्लक हुआ करते।
कभी कोई अतिथि एक दो, या पांच रुपये देकर जाता,
जाते ही उनके वो रुपया भी, गुल्लक की भेंट चढ़ जाता।
बहुत खुशी होती जब, गुल्लक को कुछ समर्पित करते थे,
दिन में कई कई बार जाकर, उसे बजा बजा कर देखते थे।
उन यादगार पलों को हमेशा, दिल में सहेज कर रखता हूँ,
गुल्लक की हंसी की खनक, को महसूस करता रहता हूँ।
गुल्लक में जमा चंद सिक्कों का मोल मैं खुद जानता हूं,
सिक्कों से उत्पन्न छन्न की, मधुर ध्वनि खुब पहचानता हूं।
मुदित न जाने क्यूं इस ध्वनि से, बड़ा ही सुकून मिलता है,
गुल्लक की हंसी की खनक से, मन को संतोष मिलता है।

धिक्कार है तुम पर

धिक्कार है तुम पर, थू-थू है रे इंसान।।
जिस तरह बढ़ रहा ब्याभिचार,
नर पिशाच कर रहे बलात्कार।
कुमार्ग पर चलते हुये तुमने,
तू पशुओं से भी गिरा हुआ।
लज्जित हो रही यह धरा,
पापों को तेरे सहा न जा रहा।
धिक्कार है तुम पर, थू-थू है रे इंसान।।
तेरा समाज ही चंद दुष्टों के लिए,
पूरे समाज को अपसारित करता है।
आवृद्ध महिला तक को भी तु,
घुटनों पर बैठा, माफी मंगवाता है।
हर दिन होती जा रही घटनायें,
दुष्कर्मों की देखो इधर उधर।
दरिंदे तो घूम रहे, गाँव शहर में,
माँ-बहन बेटियाँ अब जाएं किधर।
छेड़छाड़ से आज परेशान बेटियाँ,
हो रही कैद होने को, घर में है बाध्य।
धिक्कार है तुम पर, थू-थू है रे इंसान।।
मुदित, मानवता को किया शर्मसार,
दौलत के लोभ में, पाया है गुण तुमने।
बलात्कार की सजा केवल मौत हो अब,
इससे कम किसी को कतई मंजूर नहीं।
फिर कोई अबला इतनी भी मजबूर न हो,
हमारी न्याय व्यवस्था इतनी कमजोर न हो।

स्वीकार कर लो .... ना

स्वीकार कर लो ना प्रभु, मेरी ये करुण पुकार,
हर धड़कन में रहा, यह हृदय तुम्हें ही पुकार।
कंटीले मार्ग पर चलकर भी, तुम्हें पाना कठिन है,
दिखता बड़ा ही सरल पर, राह यह बड़ी जटिल है।
स्वीकार कर लो ना प्रभु, मेरी ये करुण पुकार।।
ये आँखें तरस रही है, एक झलक तेरी पाने को,
यह रसना तड़प रही है, दिल की व्यथा सुनाने को।
सपनों में बसा है तुम्हारा, खूबसूरत सा एक चेहरा,
तुम्हारे बिना ये दिल भी, अपना पाये कहां बसेरा।
स्वीकार कर लो ना प्रिये, तुम मेरी ये प्रेम पुकार।।
बातें कुछ मैंने कही, तुमने भी कुछ कही बतकही,
कुछ बातें अच्छी लगी, बातें कुछ दिल को चुभी।
दिल की बातें, मैंने तुमसे, तुने भी मुझसे कह दी,
हमने, अपने दिलों की बातें, खुलकर जब रख दी।
स्वीकार कर लो ना मित्र, ये एक दोस्त की है पुकार।।
मुदित, स्वीकार कर लेने वालों की, सदा बड़ाई होती है,
पुकारे चाहे भक्त, प्रेमी या मित्र, पुकार तो पुकार होती है।

धन की ताकत

धन की ताकत है बड़ी विशाल,
हर काम को कर देती तत्काल।
सबको आकर्षित है ये करती,
नहीं किसी से यह कभी डरती।
सभी भागते इसके पीछे पीछे,
इसके सम्मुख कोई दूजा न दिखे।
सामने होते इसके सभी नतमस्तक,
देते इसकी ड्योढी पर सभी दस्तक।
धन से मिल जाते सारी सुविधा आराम,
करना नहीं पड़ता फिर कोई भी काम।
धन की ताकत होती है भाई क्षणिक,
इसकी सही ताकत पहचाने बणिक।
महालक्ष्मी, हरि प्रिया हैं इसके नाम,
यही बनाती, बिगाड़ती सबके काम।
चंचला भी इसको कहा है जाता,
एक जगह बैठना इसको नहीं सुहाता।
कहे मुदित धन की ताकत है महान,
मुझ सा नाचीज़ कैसे करे इसे बखान।

विविधता में एकता, हिन्द की विशेषता

हिंदी का सांस्कृतिक और राष्ट्रीय महत्व – लेख भारतवर्ष में धर्म, भाषा,, संस्कृति, जलवायु, भौगोलिक स्थिति गीत, संगीत, खानपान, यहां सहन हर क्षेत्र में विविधता पाई जाती है, बावजूद इसके यह एक सूत्र में बंधा एक राष्ट्र हैइतनी विसंगतियों के बावजूद यहाँ एक भारतीय संस्कृति विद्यमान हैपूर्वोत्तर की बात करें तो यहां असम, मेघालय, अरुणाचल प्रदेश, मणिपुर, मिजोरम, त्रिपुरा नागालैंड और सिक्किम सहित आठ राज्य है। प्रत्येक राज्य की अपनी भाषा और अनेक बोलियां हैं, जैसा कहा जाता है कि प्रत्येक दस कोश पर भाषा बोली बदल जाती हैयहां सिक्किम को छोड़कर बाकी सात राज्यों को सात बहनों के प्रदेश में मुख्य रूप से असमिया, बंगाली, अंग्रेजी, बोडो, नेपाली भाषा के अलावा बहुत सी बोलियां प्रयोग में आती है ।

प्राप्त तथ्यों के अनुसार तो सं उन्नीस सौ चौतीस में गांधीजी के असम आगमन के साथ जी पूर्वोत्तर में हिंदी का प्रचलन शुरू हुआ। यहां हिंदी बोलने, जानने, समझने वालों की तादाद प्रचुर मात्रा में है, हां लिखने में स्थानीय लोगों को असुविधा जरूर होती है क्योंकि सरकारी कार्यालयों में कार्य स्थानीय भाषा मे अथवा अंग्रेजी में होता है । चूंकि पूर्वोत्तर में भारत के लगभग सभी राज्यों के लोग कार्य कर रहे हैं विषेषकर राजस्थान, बिहार, उत्तरप्रदेश और नेपाल के लोग स्थाई या अस्थाई रूप से कार्यरत होने की वजह से हिंदी की स्थिति बेहतर हैं । सरकार ने भी यहां सरकारी कार्यालयों में हिंदी के प्रयोग को प्रोत्साहन देने के लिए "न रा का स" जैसी संस्था बना रखी है कार्यलयों को निर्देश दिया जाता है कि हिंदी में हस्ताक्षर करें कामकाज हिंदी में करें इसके लिए प्रोत्साहन राशि निर्धारित की गई है किंतु चूंकि इस मामले में राज्य सरकार या केंद्र सरकार सख्त नही है अत : क्रियान्वयन नहीं हो पाता है फिर भी पूर्वोत्तर में हिंदी की स्थिति दक्षिण भारत की तुलना में बेहतर है । हिंदी भारत की एक प्रमुख भाषा है, जो न केवल एक संचार का माध्यम है बल्कि भारतीय संस्कृति और पहचान की आधारशिला भी है। इसका सांस्कृतिक और राष्ट्रीय महत्व असीमित है, क्योंकि यह भारत के विशाल बहुभाषी समाज को एकता के सूत्र में बांधती है ।

हिंदी भाषा भारतीय संस्कृति, परंपराओं और रीति-रिवाजों की संवाहक है।इसका साहित्य, जिसमें रामचरितमानस, महाभारत और अनेक कवियों जैसे तुलसीदास, सूरदास, कबीर, और प्रेमचंद की रचनाएं शामिल हैं, भारतीय जीवन-मूल्यों, आदर्शों और नैतिकताओं को व्यक्त करता है। यह साहित्य देश के विभिन्न हिस्सों में रहने वाले लोगों को उनके साझा सांस्कृतिक मूल्यों से जोड़ता है और सांस्कृतिक विविधता में एकता को सुदृढ़ करता है ।

भारत एक बहुभाषी राष्ट्र है, जहां विभिन्न भाषाएं बोली जाती हैं, लेकिन हिंदी ने पूरे देश को एकता के सूत्र में बांधने का काम किया है। संविधान ने हिंदी को राजभाषा का दर्जा दिया है, जो प्रशासन और संचार में एकता बनाए रखने में मदद करती है। यह राष्ट्रीय एकता और सांस्कृतिक समरसता का प्रतीक है। हिंदी भाषा भारतीयता का अहसास कराती है और देशवासियों में एकता की भावना को प्रबल करती है। हिंदी भाषा में अद्वितीय साहित्यिक धरोहर है, जिसमें विभिन्न प्रकार के साहित्यिक विधाएं – कविता, कहानी, उपन्यास, नाटक आदि – समाहित हैं। हिंदी साहित्य ने मानव जीवन के हर पहलू को अभिव्यक्त किया है, चाहे वह प्रेम, संघर्ष, सामाजिक असमानता, राजनीति, या अध्यात्म हो। हिंदी साहित्य का प्रभावी विकास और उसका राष्ट्रीय और अंतर्राष्ट्रीय स्तर पर विस्तार हिंदी की सांस्कृतिक सृजनशीलता को दर्शाता है।

हिंदी न केवल भारत में बल्कि विश्व स्तर पर भी संचार की एक प्रमुख भाषा बन गई है। हिंदी फिल्मों, टीवी शो, और संगीत ने भारत की सांस्कृतिक पहचान को दुनिया भर में फैलाया है। इसके माध्यम से लोग भारतीय संस्कृति, परंपराएं और जीवनशैली को समझते हैं। हिंदी का राजनीतिक और प्रशासनिक महत्व भी बहुत बड़ा है।

स्वतंत्रता प्राप्ति के बाद से, हिंदी को भारतीय संघ की राजभाषा के रूप में स्वीकार किया गया है। यह प्रशासनिक और शैक्षिक कार्यों में व्यापक रूप से प्रयोग की जाती है, जिससे सरकारी कामकाज में एकरूपता बनी रहती है। संसद के भाषण, सरकारी घोषणाएं और नीतिगत चर्चा अक्सर हिंदी में ही होती है, जिससे लोगों को अपनी भाषा में संवाद और समझने का अवसर मिलता है। आज के समय में हिंदी की आर्थिक और वैश्विक उपयोगिता भी बढ़ी है। भारत तेजी से उभरती हुई अर्थव्यवस्थाओं में से एक है, और हिंदी भाषा का ज्ञान व्यापारिक और व्यवसायिक गतिविधियों में सहायक हो रहा है। विभिन्न देशों में बसे भारतीय प्रवासी भी हिंदी के माध्यम से अपनी संस्कृति और व्यापारिक संबंध बनाए रखते हैं, जिससे हिंदी की वैश्विक महत्ता बढ़ रही है।

हिंदी केवल एक भाषा नहीं है, बल्कि यह भारतीय संस्कृति और राष्ट्रीयता की आत्मा है। यह एकता, विविधता और सांस्कृतिक समृद्धि का प्रतीक है।

हिंदी भाषा ने भारत की सांस्कृतिक पहचान को सुरक्षित रखने और राष्ट्रीय एकता को मजबूत करने में महत्वपूर्ण भूमिका निभाई है। इस भाषा का विकास और उसका वैश्विक स्तर पर प्रसार भारत के सांस्कृतिक और आर्थिक उन्नति का प्रतीक है। इस प्रकार, हिंदी न केवल भारतीयों की भाषा है, बल्कि यह भारत की पहचान और उसकी संस्कृति का अभिन्न हिस्सा है।

दिल ही तो है

दिल है बड़ा नाज़ुक सा, इसमें है समंदर भावना का,
इसमें ही है चाहत, कभी हंसी, कभी आंसुओं का।
दिल ही तो है, उम्मीदों का घर, जो कभी टूटता है,
जारी रखने को अपना सफर, फिर जुड़ भी जाता है।
कभी वफा की मरहम, बेवफाई की चोटें सहता कभी,
रहता मन मारकर रात में, फिर हो जाती सुबह नई।
दिल ही तो है जो धड़कता है, जो प्रेम को समझता है,
दिल ही तो है जो दर्द महसूस कर, खुशी को जताता है।
दिल ही तो है जो प्रेम देता है, और प्रेम को पाता भी है,
दिल ही तो है जो सपने देखता है, उम्मीदें जगाता भी है।
दिल ही तो है कोमल सा, फिर कभी हो जाता है पत्थर,
जीता है हर पल, हर हालात में, पूरी तरह सम्भल कर।
दिल ही तो है कभी टूटता है, फिर इसे संभल भी जाना है,
इन्हीं जज़्बातों के साथ साथ, इसे तो जिन्दा भी रहना है।
ये दिल ही है जो जीवन को, जीने की कोशिश करता है,
दिल ही है जो जीवन को, समझने की कोशिश करता है।
मुदित यह दिल ही तो है, हर धड़कन की कहानी कहता है,
यह दिल ही है, जिसमें प्यार ओ ग़म साथ साथ बसता है।

ध्येय हो सुनिश्चित तो सफलता निश्चित है

ध्येय हो सुनिश्चित तो सफलता निश्चित है।।
जब होगा प्रयास लगातार और श्रम हो सघनित,
मन में हो दृढ़ता जिसके, संकल्प जिसका हो अडिग।
सपने होंगे साकार उसी के, हो सदा तत्पर और तैयार,
राह में आएं कितने भी बाधा, होता नहीं कभी निराश।
ग़र ध्येय हो सुनिश्चित तो सफलता निश्चित है।।
हर चुनौती को माना है, जिसने अवसर जीवन का,
कठिन समय में भी ना हो, कभी भी नाश धैर्य का।
असफ़लता भले मिले जीवन में, होता नहीं कभी निराश,
नभ और धरा के मध्य फैला, उसका हो अटल विश्वास।
ग़र ध्येय हो सुनिश्चित तो सफलता निश्चित है।।
कर्म प्रबलता हो संगी साथी, मेहनत बन जाये मशाल,
मिल जायेगा मधुर फल निश्चित, होगा नहीं कभी मलाल।
रुको नहीं, तुम थको नहीं, ना हारो ना हार मानो कभी,
लक्ष्य प्राप्ति हेतु हम, निरंतर आगे बढ़ते रहें सभी।
कहे मुदित ध्येय हो सुनिश्चित, तो सफलता निश्चित है,
सफ़लता अर्जित करने का यह सुवाक्य बहु प्रचलित है।

काश कोई होता जो बिन कहे सब समझ लेता

काश कोई होता जो बिन कहे सब समझ लेता,
मेरे सुख दुख दर्द पीड़ को अपनी ही मान लेता।
वो कोई खास ही होता जो दिल की बात जान लेता,
आंखों में छुपे भावों को बिन कहे ही वो पढ़ लेता।
वो कोई होता जो ना सवाल पूछता, ना जवाब देता,
दिल की गहराइयों में छुपे जज़्बातों को परख लेता।
दिल से निकली हर आह को ख़ुशी में बदल देता,
दर्द को मेरे दिल से स्वयं ही अगवा कर ले जाता।
कोई तो होता जो मेरी आंखों में झांक कर देखता,
बिना बोले ही मेरे दिल का हर हाल समझ लेता।
न साथ खड़ा होता न कभी भी गले ही लगाता,
बस मुझे समझता और खामोशी से सब समझाता।
दुनिया के शोर शराबे से दूर, काश कोई एक तो होता,
मेरी अनकही कहानी को जो बिन कहे समझ लेता।
मुदित मेरे हृदय की धड़कनो को बड़ी दूर से सुन लेता,
काश कोई तो होता जो बिन कहे सब कुछ समझ लेता।

अवसादों का सिलसिला

विषाक्त सा कुछ, फैल गया है तन मन में,
कुछ कमी सी खल रही है क्यूं मन में।
सर्वोत्तम मिले इस चाह में, व्यथित हो रहा
कब रुकेगा ये, अवसादों का सिलसिला।।
मन की इस अनंत पीड़ा, को कौन समझेगा,
रातें हो रही अनंत, दिन सुनसान हो रहे।
हर गतिविधि में, कांटे सी चुभन होती है,
रुकें कैसे अपने भीतर, छिपा हुआ ये तूफ़ान।।
भूख नहीं लगती, स्वाद मर से जाते हैं,
केवल शब्द पड़ते है सुनाई, स्वर मर जाते हैं।
इच्छाऐं बढ़ जाती हैं, और साधन घट जाते हैं,
छाया है अंधेरा चहूं ओर, दिखता नहीं उजाला।
हर किसी से शिकवे शिकायत, हर किसी से गिला,
न जाने कब रुकेगा ये, अवसादों का सिलसिला।।
कभी उम्मीदों का झोंका, निराशा की धुंध छाती कभी,
आंखों से अविरल अश्रुधारा, क्यूं न रुक पाती कभी।
मुदित कब रुकेगा ये, अवसादों का सिलसिला न जाने,
नया सवेरा होगा, अंधकार का अंत, कोई माने न माने।

ईश्वर

ईश्वर भगवान अल्लाह खुदा भी है तू,

गिरिजा, गुरुद्वारे, मन्दिर मस्जिद में है तू।।

पृथ्वी, आकाश, जल अग्नि, सब में तू विराजे,

जैसी जिसकी सोच, मूर्ति हृदय वैसी ही साजे।।2

मुझे नहीं मालूम, कहाँ कहाँ नहीं है तू,

सुना तो यही है सर्वत्र व्याप्त है तू।।3

कण कण में तू है मौजुद हर जीव में है तू,

प्रभु निराकार अदृश्य परन्तु सार्वभौमिक है तू।।4

सच है एक असीम शक्ति का अहसास है ईश्वर,

दिखता नहीं किसी को, फिर भी मौजूद है ईश्वर।।

हर सुर ताल में गायन वादन में तू है,

हर एक कि आशा उम्मीदों पर खरा तू है।।6

मुसीबत की घड़ी में बस याद आती है तेरी,

राह दिखती नही दूसरी, करते मिन्नते तेरी।।7

सच्चिदानंद, ब्रह्मानन्द परमानन्द है जगत के स्वामी,

अज्ञान तम हरो जीवन का, कृपा करो अन्तर्यामी।।

देशप्रेम

विश्व भर में रखता अपना एक विशेष स्थान
मेरा अपना देश, इंडिया, भारत, हिंदुस्तान।।1
आर्यावर्त यह, आर्यों की रही है कर्म भूमि
बराबरी नही किसी से यह पवित्र देवभूमि।।2
एकता, पवित्रता, और त्याग का पाठ पढ़ाता
निशान इस देश का है झंडा तिरंगा हमारा।।3
सर्वधर्म समभाव का सबको संदेश है देता
अनेकता में एकता है इस देश की विशेषता।।4
यहां के वीर योद्धाओं की बात ही कुछ अलग है
शिवा प्रताप, लक्ष्मी, लाचित, गाभरु की झलक।।5
होली दीवाली ईद गुरुपर्व मनाते सारे साथ साथ
न कोई मतभेद हममे न दिल मे कोई अवसाद।।6
इतिहास वीर शहीदों का भी तो कुछ कम नहीं
भगतसिंह, आजाद की कुर्बानी पर किसको नाज़ नहीं।।7
आज भी तो देश की सरहद पर शहीद होते रहते है
इनकी शहादत के बदौलत ही हम चैन की नींद सोते है।।8
"भारत माता की जय, जय हिंद, बन्दे मातरम"।।

रिटायरमेंट

रिटायरमेंट का मतलब होता है सेवा से अवकाश ले लेना
सरकारी अधिकारी की कार्यावधि का समाप्त हो जाना।।1
हालांकि इसके बाद ही नवजीवन की शुरुआत होती है
न होती ऑफिस की चिंता, नए जीवन की शुरुआत होती है।।2
षष्ठी पूर्ति में बाद जीवन मे यह पड़ाव भी आता ही है
कर्मरत ब्यक्ति जब अपने कर्मजीवन से रिटायर हो जाता है।।3
नवजीवन की शुरुआत वह संचित धन की सुरक्षा से करता है
अगली पीढ़ी को रखने सुरक्षित, सारी उम्र खटते रहता है।।4
गर सारा संचय जायदाद को कर देता कुपुत्रो के हाथ
पहुंचा देते वृद्धाश्रम या कर देते दाने दाने को मोहताज।।5
मैं भी था एक बीमा अधिकारी, अवकाश ले लिया बीते कुछ साल
अवकाश पूर्व प्रशिक्षण में समझाया गया था सारा हाल।।6
संयुक्त बैंक खाता रखना सब कुछ कर न देना उनके नाम
स्वास्थ्य का रखना पूरा ध्यान, "दोनों" करना योग प्राणायाम।।7
पास रहेगी जब धन संपत्ति तो होती रहेगी पूरी देखभाल
गर लूटा दिया हुए खाली हाथ फिर होना ही है बुरा हाल।।8
रिटायरमेंट पर मेरे भी आयोजित हुई सभा
तत्काल सहकर्मियों ने की सराहना, याद किये गए गुजरे साल।।9
मानपत्र, कुछ उपहार दिए कराया गया अच्छ जलपान
मैने शुरू किया अगले दिन से नए जीवन को दे सम्मान।।10
रिटायरमेंट के बाद अधिकारी से मैं व्यापारी बन गया
अन्तःसज्जाकार "सानी" ने 'नीलकमल' शोरूम शुरु किया।11
पहले से ज्यादा अब, भाई मैं तो व्यस्त हो गया
स्वास्थ्य सुरक्षा करते हुए मैं तो मस्त हो गया।।
स्वास्थ्य सुरक्षा करते हुए मैं तो मस्त हो गया।।12

मित्रता

सच्चाई और कोमलता मित्रता के दो जरूरी तत्व होते है,
कठिनाई में पथ प्रदर्शक बने वो सच्चे मित्र होते हैं।
कृष्ण सुदामा की मित्रता भी है दुनिया मे एक मिसाल
भगवान राम ने भी बानरराज से निभाई अनन्त काल।
पूछा किसी ने मित्रता का मतलब क्या होता है,
कहा जहाँ मतलब है, वहां मित्रता का अस्तित्व कहां होता है।
कंधे से कन्धा मिलाकर, सदा खड़ा रहता है सच्चा मित्र
अगला जन्म भी सुधर जाए गर मिल जाए ऐसा मित्र।
महका देता जीवन को खुशबू से जैसे हो चन्दन,
अनन्त काल तक चलता रहे मित्रता का बंधन।।
जब दो हस्तियां मिलती है तब जाकर दोस्ती होती है,
इस रिश्ते को किसी की स्वीकृति की जरूरत कहाँ होती है।
बीस जुलाई अठावन से शुरु हुआ मनाना मित्रता दिवस,
अगस्त मास के पहले रविवार को मनाए मित्रता दिवस।।

मेरे कुछ चुनिंदा सम्मान-पत्र

श्री सत्यइंदिरा फाउण्डेशन
शिक्षा, स्वास्थ्य, महिला एवं बाल कल्याण
क्रमांक - SSIF/2022/190
दिनांक - 05/06/2022
COOP/2022/JAIPUR/203776
पर्यावरण रक्षक सम्मान 2022
श्री/श्रीमती/कुमारी डॉ. महेश मुनका "मुदित" जी, डिब्रूगढ़ (असम)
द्वारा श्री सत्यइंदिरा फाउण्डेशन द्वारा आयोजित पर्यावरण
सुरक्षा अभियान में पर्यावरण संरक्षण की शपथ ली हैं।
पर्यावरण संरक्षण व प्रकृति को बचाने में योगदान के लिए
पर्यावरण रक्षक सम्मान 2022 से सम्मानित किया जाता है।
SSIF Pathshala
President
SHRI SATYAINDIRA FOUNDATION
8947877322 , 9119286989
ssfoundation.jaipur21@gmail.com

बुलंदी
विश्व का सबसे बड़ा वर्च्युअल कवि सम्मेलन
सम्मान एवं सहभागिता प्रमाण पत्र
बुलंदी साहित्यिक सेवा समिति पंजीकृत (अंतरराष्ट्रीय), बाज़पुर (उत्तराखंड)
संस्था के तत्वावधान में 21 अगस्त 2022 से 6 सितंबर 2022 तक
ऑनलाइन वर्च्युअल कवि सम्मेलन आयोजित किया गया। जिस कार्यक्रम में
विश्व के 35 देशों के कलमकारों सहित 3970 प्रतिभागियो ने काव्य पाठ
किया। इस कवि सम्मेलन को इंडिया वर्ल्ड रिकॉर्ड में विश्व के सबसे बड़े
वर्च्युअल 400 घण्टे अनवरत चलने वाले कवि सम्मेलन के रूप में दर्ज किया
गया, जिसमें कवि / कवयित्री डॉ. महेश मुनका "मुदित"
निवासी असम ने भी सहभागिता की। साथ ही हिंदी साहित्य
को समृद्ध करने में अपने लेखन के माध्यम से उत्कृष्ट अवदान करने हेतु
एतदर्थ उन्हें साहित्य गौरव सम्मान प्रदान करते हुए यह मंच
गौरवान्वित अनुभव करता है।
उज्ज्वल भविष्य की शुभकामनाओ सहित।
विवेक बादल बाज़पुरी
संस्थापक
पंकज शर्मा
संरक्षक
मातृका बहुगुणा
राष्ट्रीय सचिव
राकेश शर्मा
राष्ट्रीय उपाध्यक्ष
विधा प्रकाशन

KBH 7019
कलम बोलती है साहित्य समूह
द्वितीय स्थापना दिवस
14/11/21
रविवार
ने कलम बोलती है साहित्य समूह के द्वितीय स्थापना
दिवस के अवसर पर आयोजित कार्यक्रम में उत्कृष्ट
रचना का सृजन किया अतः समूह आपको
कलम • साधक • सम्मान
से सम्मानित किया जाता है
हम आपके उज्ज्वल भविष्य की कामना करते हैं।
अध्यक्ष
आयोजक

সদৌ অসম চাহ বৈশ্য সন্মিলন
কেন্দ্ৰীয় সমিতি
কাৰ্যালয় ঃ জাপৰিগোগ, গুৱাহাটী -৫
স্থাপিত ঃ ১৯৩২ চন, ১৮৫৪ শকাব্দ
পঞ্জীয়ন নং- ২০৫৭/৭৫
প্রশংসা পত্র
সদৌ অসম চাহ বৈশ্য সন্মিলনে অসম ভিত্তিক আয়োজন কৰা স্বৰচিত
কবিতা / আধুনিক নৃত্য প্রতিযোগিতাত দ্বিতীয় (দ্বিতীয়) স্থান লাভ কৰা বাবে
শ্ৰী ডাঃ মহেশ মুনকা এই প্রশংসা পত্র প্রদান কৰা হ'ল।
আপোনাৰ সুস্বাস্থ্য আৰু উজ্জ্বল ভবিষ্যৎ কামনা কৰিলো।
সভাপতি
কাৰ্যকৰী সভাপতি
সম্পাদক

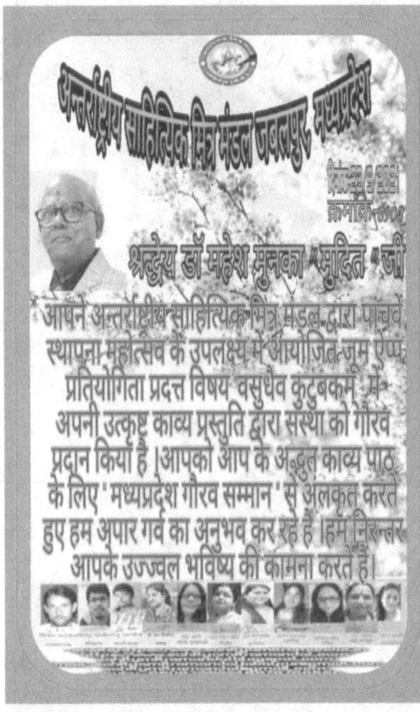
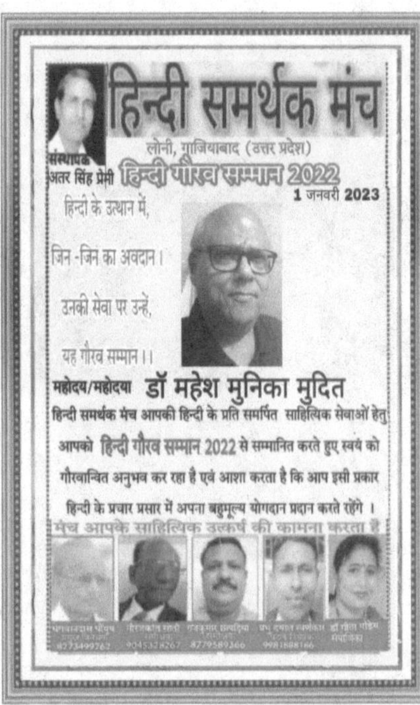

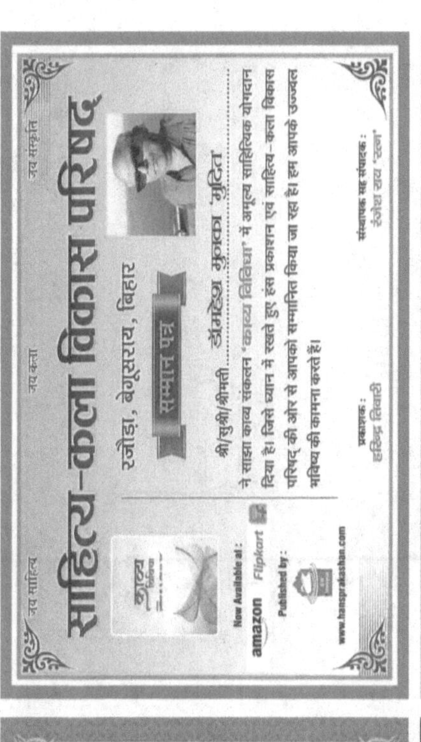

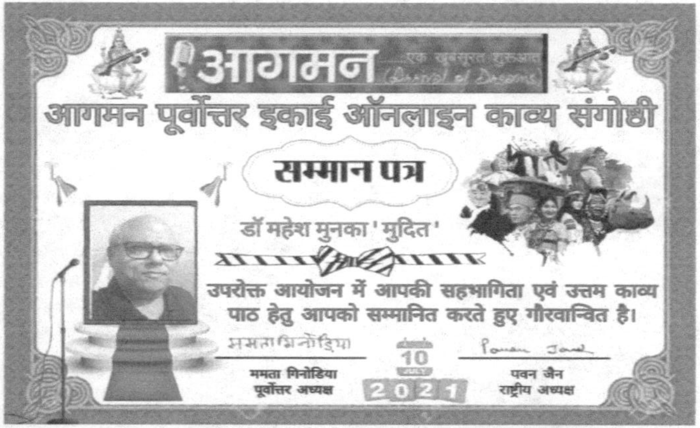
आगमन
एक खूबसूरत शुरुआत
आगमन पूर्वोत्तर इकाई ऑनलाइन काव्य संगोष्ठी
सम्मान पत्र
डॉ महेश मुनका 'मुदित'
उपरोक्त आयोजन में आपकी सहभागिता एवं उत्तम काव्य पाठ हेतु आपको सम्मानित करते हुए गौरवान्वित है।
10 JULY 2021
ममता गिनोडिया
पूर्वोत्तर अध्यक्ष
पवन जैन
राष्ट्रीय अध्यक्ष

जय साहित्य
जय कला
जय संस्कृति
साहित्य-कला विकास परिषद्
रजौड़ा, बेगूसराय, बिहार
सम्मान पत्र
श्री/सुश्री/श्रीमती डॉ महेश मुनका 'मुदित'
ने साझा काव्य संकलन 'काव्य विविधा' में अमूल्य साहित्यिक योगदान दिया है। जिसे ध्यान में रखते हुए हंस प्रकाशन एवं साहित्य-कला विकास परिषद् की ओर से आपको सम्मानित किया जा रहा है। हम आपके उज्ज्वल भविष्य की कामना करते हैं।
Now Available at :
amazon
Flipkart
Published by :
www.hansprakashan.com
प्रकाशक :
हरिन्द्र तिवारी
संस्थापक सह संपादक :
रंजेश राय "रत्न"

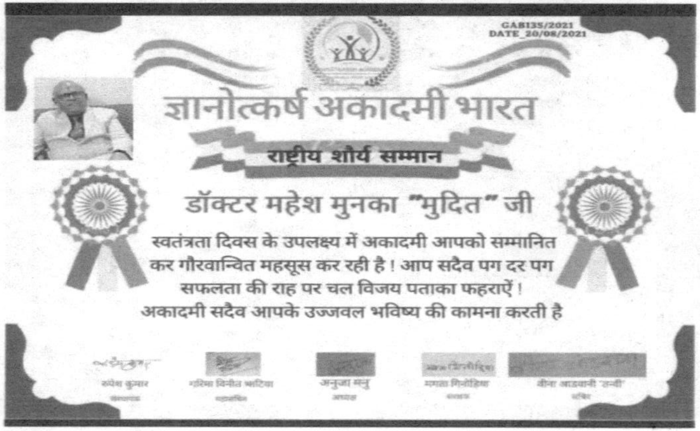
GAB135/2021
DATE 20/08/2021
ज्ञानोत्कर्ष अकादमी भारत
राष्ट्रीय शौर्य सम्मान
डॉक्टर महेश मुनका "मुदित" जी
स्वतंत्रता दिवस के उपलक्ष्य में अकादमी आपको सम्मानित कर गौरवान्वित महसूस कर रही है ! आप सदैव पग दर पग सफलता की राह पर चल विजय पताका फहराऐं !
अकादमी सदैव आपके उज्जवल भविष्य की कामना करती है

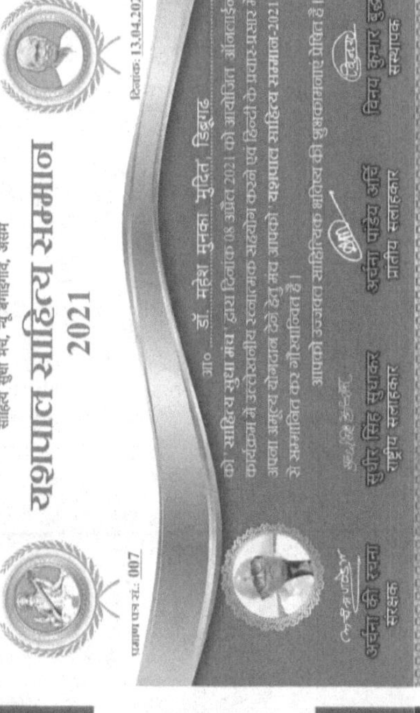

साहित्य सुधा मंच, न्यू बंगाईगांव, असम
यशपाल साहित्य सम्मान
2021
प्रमाण पत्र सं.: 007
दिनांक: 13.04.2021
आ० डॉ. महेश मुनका 'मुदित', डिब्रूगढ़
को 'साहित्य सुधा मंच' द्वारा दिनांक 08 अप्रैल 2021 को आयोजित ऑनलाईन कार्यक्रम में उल्लेखनीय रचनात्मक सहयोग करने एवं हिन्दी के प्रचार-प्रसार में अपना अमूल्य योगदान देने हेतु मंच आपको 'यशपाल साहित्य सम्मान-2021' से सम्मानित कर गौरवान्वित है।
आपको उज्जवल साहित्यिक भविष्य की शुभकामनाएं प्रेषित है।
अर्चना की रचना
संरक्षक
सुधीर सिंह सुधाकर
राष्ट्रीय सलाहकार
अर्चना पांडेय अर्चि
प्रांतीय सलाहकार
विनय कुमार बुद्ध
संस्थापक

दिनांक : 26/11/2022   **प्रशस्ति पत्र**   ISBN : 9789391358921

श्री / कु0 / श्रीमती / सुश्री

डॉ. महेश मुनका 'मुदित'

द्वारा अंतरराष्ट्रीय संकलन 'अमर विश्व साहित्य' में अमूल्य साहित्यिक योगदान दिया गया है। उत्कृष्ट साहित्यिक योगदान के लिए हिंदवेश परिवार एवं प्राची डिजिटल पब्लिकेशन द्वारा आपको 'अमर साहित्य सम्मान - 2022' से अलंकृत किया जा रहा है। हम आपके उज्ज्वल भविष्य की कामना करते हैं।

Office : Near Teen Pani Dam, Daksh Road, Fulsunga,
Rudrapur, Udham Singh Nagar - 263153, Uttarakhand
Website : www.prachidigital.in | Call : +91-9760417980

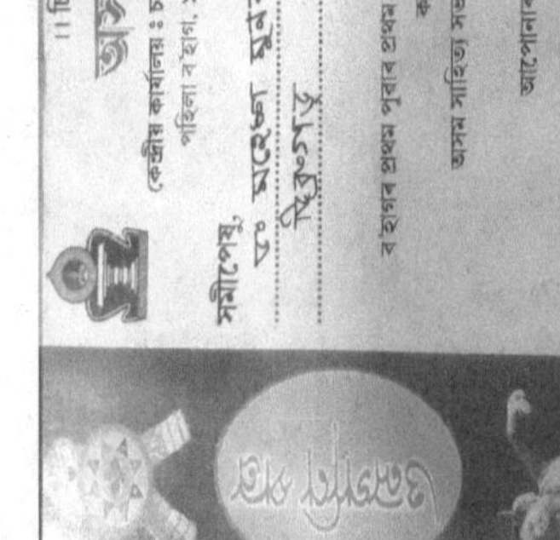

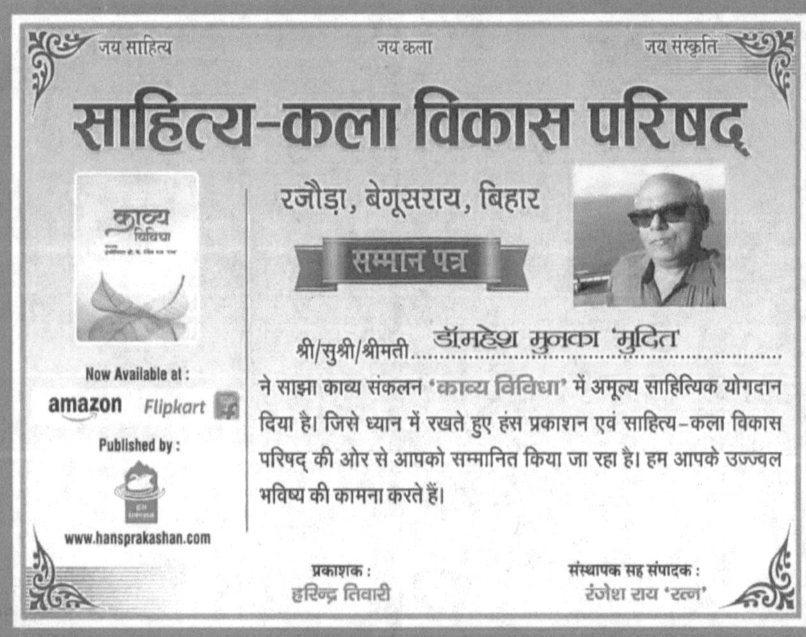